享读经典丛书

你可以读懂《乡土中国》

北京烁享阅读编委会——编著

河北大学出版社
·保定·

出 版 人：朱文富
选题策划：邓一鸣
责任编辑：田 阳
装帧设计：赵 谦
责任校对：兰彩红
责任印制：常 凯

图书在版编目（CIP）数据

你可以读懂《乡土中国》/ 北京烁享阅读编委会编著．-- 保定 ：河北大学出版社，2021.11
(享读经典丛书)
ISBN 978-7-5666-1930-3

Ⅰ．①你… Ⅱ．①北… Ⅲ．①农村社会学－研究－中国 Ⅳ．① C912.82

中国版本图书馆 CIP 数据核字 (2021) 第 214294 号

你可以读懂《乡土中国》
NI KEYI DUDONG XIANGTU ZHONGGUO

出版发行：河北大学出版社
地址：河北省保定市七一东路2666号 邮编：071000
电话：0312—5073003 0312—5073029
网址：www.hbdxcbs.com
邮箱：hbdxcbs818@163.com
印 刷：保定市正大印刷有限公司
幅面尺寸：185 mm × 260 mm
字 数：254千字
印 张：13.5
版 次：2021年11月第1版
印 次：2021年11月第1次印刷
书 号：ISBN 978-7-5666-1930-3
定 价：49.80 元

阅读是提高文学感受能力的必经之路
（代总序）

承蒙烁享阅读的邀请，为“享读经典丛书”作序。这套丛书的诞生，顺应了当今提倡阅读的潮流。经典阅读与语文教育的关系，目前还处在探讨阶段。现在我就个人的理解，发表点一管之见，供大家参考。

现在强调阅读经典，是有道理的。经典经过了时间的考验，是宝贵的文化遗产。无数的作品被时间淘汰了，无人过问，而经典却活了下来，其中必有道理。时代在不断地变化和进步，但是，我们无法否定经典的价值。我们不能数典忘祖。经过经典阅读，受到经典熏染的人，他的思想境界、审美趣味，显然是不一样的。《三国演义》那种史诗般的风格与战争描写，《红楼梦》那种哀感顽艳的爱情描写，《儒林外史》对世态的讽刺，鲁迅对国民性犀利的剖析，至今为止，依然给我们一种说不尽道不完的感觉。文化的发展是连续的，它不断地吐故纳新，历久而弥新。文化不断地抛弃那些陈腐的东西，与此同时，它又不断地从传统中汲取好的东西。而传统文化的精华常常凝聚在经典的作品之中。经典作品中自然包含一些过时的观念，甚至包含一些封建的糟粕，可是，经典对社会、对历史的认识，对人性的理解和描写，又常常包含着非常深刻的内容。更不必说经典作品的艺术成就，可以为今人提供丰富的美的享受和陶冶人的情操，为创作提供无尽的启发。经典的生命力，经典之所以能够成为经典，其原因也就在这里。

对于经典的学习，是从阅读开始的。认真细致的阅读，是培养文学感受能力的必经之路。加强文学的感受能力是提高语文水平的关键。有些学生在语文学习中会进入一种误区：跳过阅读这一环节，直接奔向主题的分析、艺术的分析、语法的分析，囫囵吞枣地去记忆那些结论。缺乏阅读的训练，阅读量太少，就难以获得文学的感受能力，对文学的美没有感受，不知道如何去欣赏文学的美。阅读是不能替代的，是必须亲历亲为的。文学的美是必须在阅读中才能有所体会的，文学的感受能力唯有通过大量的认真细致的阅读才能培养出来。文学感受能力的提高，会对学生的写作能力产生积极的影响。感受一通，一通百通。

现在烁享阅读推出“享读经典丛书”，从经典入手，从阅读入手，是很好的事情。希望能够以此提升当代青少年阅读经典的兴趣，培养一种准确、细腻、丰富、鲜活的文学感受能力，真正提高自己的语文水平。如果我们能够把经典的阅读培养成一种终身的爱好，那就是最理想的结果。

张国风

2021年8月11日

写在前面的话

《乡土中国》可能是中国流传最广、影响力最大的一本社会学学术随笔，初版至今已有十余家出版社超过十五个版本面世，该书作者是中国社会学和人类学奠基人之一费孝通。

这本薄薄的小册子写于20世纪40年代，是费孝通带领读者用社会学家的眼睛认识和审视中国社会的一次大胆探索之旅。今天我们读来，仍然觉得书中的描写生动、贴切，触动到我们的乡情乡愁，并不禁发出感慨："原来我们在日常生活中所感受到的中国特色、传统力量，是这么一回事啊!"

什么是社会学？简单而言，社会学是研究社会的学问，起源于19世纪的西方哲学，20世纪初来到中国，是一门非常年轻的现代学科。费孝通和他的老师吴文藻、潘光旦等是中国的第一批社会学家。

对中学生来说，以往大家多是通过阅读文学类书籍了解国家的历史、文化及思想渊源。费孝通的这本小书为我们提供了一个新的视野，深度观察我们生活其中的这个社会，到底是以什么样的方式存在和运转了数千年的；成长于这片土地上的人们，又是怎样过好他们的每一天的，有着怎样的情感、思绪、文化、社会结构。

《乡土中国》是一本介于社会学学术著作和散文随笔之间的经典作品。费孝通试图用西方的科学方法和社会学理论，去观察并分析中国现实的社会生活，从微观的民风细节到宏观的抽象概念，更进一步对传统中国社会的人性特点和社会秩序进行解释。

在费孝通轻松、质朴的文字里，一个带着泥土芬芳的乡土社会渐渐向人们展开了它生机勃勃的画卷。

21世纪，全球经济一体化已经到来，今天的人们还需要了解"乡土"

的中国吗？答案当然是肯定的。农村是中国的底色，认识中国需要从这里出发。

费孝通写《乡土中国》的年代，中国正经历巨大的动荡。一方面是西方列强的军事侵略，加重了民族和国家的创伤；另一方面是西方先进的科学技术快速涌入中国，使得几千年的农耕文明受到工业经济的冲击。

历史学家许倬云认为，彼时，乡土中国已经逐渐衰微，走出乡土是中国必须面临的抉择，它的出路在哪里却尚未知。费孝通研究乡土中国，目的不仅在于对“乡土中国”的理论解释，更关注传统的农村社会如何面向现代化，走向现代化之路，以重建中国日益凋敝的农村。

改革开放以来，随着国民经济的飞速发展，整个国家都在向全球化、现代化转型。在此期间，中国的农村也发生了翻天覆地的变化，走出了一条城镇化、工业化的道路。但同时，社会的快速变迁，劳动力大量涌入城市，也带来了诸如农村“空心化”、留守儿童等一系列问题。

今天，我们要实现乡村农业强、农村美、农民富的全面振兴，仍然需要回到对乡土社会的重新认识和科学改造上面。没有农村的振兴就不可能有中国的全面现代化。

阅读《乡土中国》，就是为了读懂中国，观察费孝通所处时代的传统中国与现代中国的演变过程，思考这些变化所带来的问题。传统中国的伦理道德在今天的时代还适用吗？是彻底推倒还是在顺应现代化的基础上重生？这些都是费孝通当年所思考的问题，也是我们今天需要持续思索的问题。

在重刊序言中，费孝通强调了撰述该书的一个重点，即在于他尝试提出自己的理论主张，但这些概念并非虚构，也非理想，而是一种观念模型，抓到了中国乡土社会的普遍特征。对于他的部分观点，其他学者中也有人持不同的看法。但归根结底，他们都是为中国的发展探索正确的路径。

费孝通晚年曾说，那一代知识分子投身学术，为寻求爱国救国的道路，在这样的思想背景之下，他走上了社会学中国化这条路，“用科学方法找到一条比较符合实际的社会发展道路，这是我一生的追求，到现在还没有改变”。

从他写《乡土中国》到今天，已经过去了大半个世纪，观察中国的变迁这件事，从来没有停止过。了解中国社会是什么样的社会，实际上也是在回答一个“我是谁”的问题。可以说，从走出乡土到留住乡愁，成为新时代青年的历史使命和责任。

这也是为什么我们今天要重读《乡土中国》的目的和意义。

是为记。

张文雁

2021年9月

目　录

阅读名片

作者生平

费孝通（1910年11月2日—2005年4月24日），江苏吴江（今苏州市吴江区）人，我国著名社会学家、人类学家、民族学家、社会活动家，曾获国际应用人类学会马林诺夫斯基名誉奖和英国皇家人类学会赫胥黎奖章，所著《江村经济》被公认为我国社会人类学实地调查研究的一个里程碑。

谈论中国的社会学科，绕不开费孝通。他从二十岁开始学习社会学，在这一领域深耕七十余年，毕生探索“认识中国从而改变中国”的路径，是20世纪中国著名的学者和改革者之一。

费孝通出身于书香门第，自幼受到良好的传统文化教育，又在教会学校接受了早期教育，古文、英文兼优。他热爱写作，十四岁便发表了处女作《秀才先生的恶作剧》，一生留下数百万字著作。

1928年，费孝通考入东吴大学医学预科，立志悬壶济世。但很快他就意识到，人最痛苦的不是疾病，而是来自社会所造成的贫穷，“为万民造福”比“为个人治病”更有意义。于是，费孝通选择了“弃医从文”，转入燕京大学社会学系学习，师从社会学家吴文藻，开始踏上从社会学中寻找了解中国、治愈中国的道路。

在燕京大学求学期间，老师吴文藻致力于“社会学本土化”的探索和实践深刻影响了费孝通，也奠定了他后来的研究基调。临近毕业，吴文藻邀请美国芝加哥学派代表人物罗伯特·埃兹拉·帕克前来讲学，教授实地调查的方法。帕克把学生领出课堂，到北京的大街小巷去认识社会，并告诉他们，社会学要到社会中去学，这比只掌握研究方法更重要。这对费孝通的学术道路，起到了重要的引领作用。

1933年，费孝通从燕京大学毕业，考入清华大学社会学及人类学系，师从俄罗斯人类学奠基人史禄国，主要学习体质人类学。1936 年，费孝通又获得公费留学资格，远赴英国，在伦敦政治经济学院攻读博士学位，师从人类学泰斗马林诺夫斯基，费孝通吸收了其功能学派的观点和实地调查的方法，与其他老师的思想融合，逐步形成了自己独特的学术风格。

吴文藻、潘光旦、帕克、史禄国、马林诺夫斯基等中西方著名社会学、人类学大师，都曾是青年费孝通求学路上的重要师长。受他们的影响，费孝通一生重视实地调查研究。

1935 年，从清华大学研究院毕业后，费孝通和同为燕京大学校友的夫人王同惠前往广西大瑶山做田野调查，不幸的是在这次调查中，费孝通误入陷阱受了重伤，王同惠在求助路上不幸溺水身亡。两人的调查报告，后来以《花篮瑶社会组织》一书公开发表。

伤愈后，费孝通回到家乡休养，又利用这个机会，对家乡开弦弓村进行了系统的社会调查。后来，费孝通在英国留学期间，在马林诺夫斯基的指导下，以开弦弓村实地调查资料为基础，撰写了自己的博士论文 *Peasant Life in China*，中文译名《江村经济》。

1938 年，费孝通学成归国，在吴文藻组建的燕京大学和云南大学合作的社会学实地调查工作站任教，并主持内地农村调查，直到 1949 年新中国成立，费孝通的工作重心一直是农村研究，陆续出版了《云南三村》《生育制度》《乡土中国》《乡土重建》等著作。

新中国成立后，费孝通的工作重点转向了民族研究。他先后深入贵州、广西两省，进行少数民族调查研究和民族识别工作，提出“中华民族多元一体”格局的理论，发表了《中华民族的多元一体格局》等一系列具有学术开创性的论文，为我国的民族工作做出了重要贡献，这项工作一直持续了三十多年，到 1982 年才告一段落。

改革开放以后，费孝通又深入探讨中国乡镇企业与小城镇发展问题，连续发表了《小城镇　大问题》《小城镇　再探索》等文章，并继续深入实地进行调研，三下温州，撰写了《小商品　大市场》《家底实　创新业——再访温州》《筑码头　闯天下》等论文，为改革开放和经济社会发展做出了重要贡献，履行了他“志在富民”的志向。

晚年，在全球化的背景下，费孝通反思中国文化的出路，提出“文化自觉”的学术理论，呼吁在新的全球化时代，“我们需要一种新的自觉”，“东方文明的这种经验教训可以为世界形成新的和平秩序提供一条值得思考的启示”；同时，他展望人类的未来，提出“各美其美，美人之美，美美与共，天下大同”的思想主张，希望探索当代中国和中国人如何与西方相处的问题，其中不乏对和谐对话、双赢互利的期待，在平等和尊重的前提下，实现全人类的共同发展，体现了社会学的人文精神。

创作背景与内容概述

《乡土中国》是费孝通所有著述中最脍炙人口的一本。最初是费孝通在20世纪40年代于云南任教时所开设的“乡村社会学”一课的讲义。后应约于1947年在《世纪评论》开设专栏，连载讲课的内容。此后，上海观察社的“观察丛书”向费孝通约稿，他便在这组专栏文章的基础上，重新编写最终定稿，1948年4月，该书由上海观察社出版。

当时的中国社会处于新旧交替的时期，正在由传统农耕文明向现代工业文明转变。费孝通认为，中国社会变迁的过程最简单的说法是农业文化和工业文化的易替。在这易替中，中国正接受各种严峻的考验，要避免其带来的弊端，就须先认清现实，说明中国的传统。《乡土中国》便是一部研究传统中国基层社会的著作。

我们现在常见《乡土中国》的版本是由“重刊序言”“后记”和十四篇正文组成。其中《旧著〈乡土中国〉重刊序言》是费孝通为生活·读书·新知三联书店1985年重刊版所作，该篇的写作时间是1984年10月。

在《乡土中国》里，作者围绕“作为中国基层社会的乡土社会究竟是个什么样的社会”这一核心问题，从乡村教育、传统社会结构、道德体系、权力结构、法礼、血缘地缘等各方面展开论述，通过平易、浅白的文字，贴切的比喻，透彻的对比，提出了“熟人社会”“差序格局”等概念，全面展现了中国乡土社会的面貌，对研究中国乡土社会的传统文化、社会结构具有开创性的意义。

你可以读懂《乡土中国》

《乡土中国》的另一种读法

——谈重刊序言及后记

另一种写作

20世纪40年代后期，费孝通在西南联大和云南大学讲授“乡村社会学”这门课，根据这门课的讲授内容，最初应《世纪评论》之约，开设《杂话乡土社会》专栏，发表了十四篇文章。后来，应上海观察社之邀，费孝通对这十四篇文章进行了重新编排修改，1948年以《乡土中国》之名出版。在《乡土中国》中，费孝通开始了社会学的另一种写作。

在《乡土中国》后记中，他说：

> ……在“乡村社会学”中讲经济问题未免太偏，而且同时学校有“土地经济学”和“比较经济制度”等课程，未免重复太多。过去一年我决定另起炉灶，甚至暂时撇开经济问题，专从社会结构本身来发挥。初次试验离开成熟之境还远，但这也算是我个人的一种企图。

在这之前，费孝通已写有《江村经济》《禄村农田》等著作，这些著作都是根据田野调查，具体描写当地农民的生活，属于社会学中社区研究的领域。

《乡土中国》另辟蹊径，专从社会结构来分析中国乡村社会的特点，尝试回答“作为中国基层社会的乡土社会究竟是个什么样的社会”这个问题，并从具体社会里提炼出一些抽象概念，是具有通论性质的社会学著作。他说：

这里讲的乡土中国，并不是具体的中国社会的素描，而是包含在具体的中国基层传统社会里的一种特具的体系，支配着社会生活的各个方面。

因此，《乡土中国》不是对中国基层社会现象的描述，而是从理论上概括出乡土社会的普遍特征，例如：差序格局、礼治秩序、无讼、无为政治、长老统治等，以便使读者更加深入地理解中国社会。

正如费孝通在后记里所说的，他在《乡土中国》里是“以中国的事实来说明乡土社会的特性”，并且从中表达了对中国从传统社会向现代社会转型的看法。

概念是认识事物的工具

在科学研究中，人们看到事物的共同特征或抓到事物的本质特征，加以抽象，就可以形成概念。没有概念，我们无法区分事物，从而也无法认识事物。

举个例子，我们在许多事物中都看到红色这个共同特征，如花的红、血的红、草莓的红、西红柿的红、晚霞的红等等。如果我们把这些不同事物中所具有的共同特征——红的现象，抽象出来，就可以形成“红”这个概念，这样就使我们对事物有所认识。

概念是人认识的结果，也是人认识事物的工具。没有概念，我们就无法区分事物，无法形成判断，构造知识体系。《乡土中国》中就有“乡土社会”“差序格局”“礼治秩序”“无讼”“无为政治”“长老统治”等概念，它们构成了一个特殊的理论体系，用来说明中国传统社会的基本面貌。

费孝通把这种从具体现象中提炼出的认识现象的概念，称为“观念中的类型（Ideal Type）”，并且指出：

它并不是虚构，也不是理想，而是存在于具体事物中的普遍性质，是通过人们的认识过程而形成的概念。

可以说，费孝通在《乡土中国》中提出的一些概念，是他基于对中国基层社会的具体调查，以及历史文化的观察而得来的，有事实的根据，也有文化上的来源，因而不是虚构的理论。但也绝不是一个理想完美的理论，可以完美地解释中国社会。

费孝通说这是“一项探索”“初步的尝试”和“不成熟的观点”，还得花一番功夫深入研究具体事实，从而加深对中国社会的认识，也即是要从事实里求知识。

另一种读法

《乡土中国》是一本社会学著作，如果我们具备社会学知识，来阅读《乡土中国》，当然会有更多的收获。但《乡土中国》不是一本从概念到概念演绎的社会学著作，它从现象的分析中提出问题，做出了自己的解答，有自己的概念、逻辑和体系。虽然文章注重逻辑分析，但写得浅显易懂，富有文采，充满人文精神。

从语文的角度看，我们读这么一本书，应该有另一种读法。和通常语文文本一样，我们也可以关注文章的结构与意境，语言的想象与生动，行文的流畅与典雅。但也要有和一般语文文本不一样的角度。我们通过读这么一本学术著作，不光是要获得知识的满足，更重要的是要学会批判性思维，注重逻辑推理与论证，得到合理的结论与观点。

从这本书里，我们可以获得一些思维上的启示。

一、靠事实说话，从日常生活的现象出发，发现普遍性，抓住共同特征，形成观点。观点要明确，论证要有理有力，要有充分的事实证据。“乡土社会”和“差序格局”就是从普遍的日常生活中提炼出来的新观点。

二、要把握住观点与观点之间的内在逻辑关系，使论证层层递进，使知识理论化、系统化。在《乡土中国》中，“乡土本色”是乡土社会的底色，是乡土社会的总特征，而“差序格局”是乡土社会的内在结构，在这个结构的基础上才形成了“家族”“礼治秩序”“无讼”“无为政治”“长老统治”等社会治理模式，观念和观念之间构成了一个很有说服力的逻辑链条。

三、学会概念分析，辨别出概念准确的恰当的意义，对既有的概念提出新的见解。如书中在对“愚”和“私”的概念分析中，我们看到作者分辨概念的精准功夫。

乡土是中国社会的底色

何为“乡”“土”

《乡土本色》这篇文章可以被看作《乡土中国》的总论，它从“土”“乡”的社会现象入手来论述中国社会的总基调。

文章一开篇，费孝通就说：“从基层上看去，中国社会是乡土性的。”

中国传统社会是一个乡土社会，是一个以农业为基础的社会。到费孝通写作《乡土中国》的20世纪40年代，中国还是一个工业不发达的国家，农业是当时社会的基础，中国绝大部分人都是农民。农业和农民成了中国社会的底色。所以，从社会基础看，中国社会无疑是农业社会，具有乡土性，而农民，即“那些被称为土头土脑的乡下人”，“才是中国社会的基层”。

费孝通写道：

> 我们说乡下人土气，虽则似乎带着几分藐视的意味，但这个土字却用得很好。土字的基本意义是指泥土。乡下人离不了泥土，因为在乡下住，种地是最普通的谋生办法。

曾几何时，“乡下人”“土气”关联在一起成了贬义词，与它们相对的“城里人”“洋气”成了褒义词。“土”最初是个中性词，指的就是泥土、土地。乡下人依赖土地生存，靠种地谋生，才明白土地的可贵，“‘土’是他们的命根”。在乡下，土地神成了地位最高的神。

乡下人直接依靠农业谋生，身子黏在土地里，自然受到土地的束缚。

> 游牧的人可以逐水草而居，飘忽无定；做工业的人可以择地而居，迁移无碍；而种地的人却搬不动地，长在土里的庄稼行动不得，侍候庄稼的老农也因之像是半身插入了土里，土气是因为不流动而发生的。

因此，以土地谋生的人不易流动，也不敢轻易流动，除非发生了大旱大水，持续的战乱。以农为生的人，世代定居是常态，迁移是非常态。不流动是乡土社会的特性之一。

不流动是从人和空间的关系来看的。大多数农民以家庭为单位，聚集而居，形成村落。村落与村落之间处于隔绝孤立的状态，居住在里面的人，依附各自的土地，自耕自食，缺乏流动。因此，“乡土社会的生活是富于地方性的”。他们活动在有限的地域范围里，区域之间接触少，生活隔离，各自保持着孤立的社会圈子。不流动和地方性成了乡土社会的标记。

在现代社会里，人员流动是主流。现代化的过程就是工业化、城市化的过程，人们进入城市，学习新知识，获得新技能，见了世面，开了眼界。与之相反，被局限在土地里不能流动的人，他们日出而作，日落而息，循环往复，单调机械，用“乡下人”“土头土脑”“土里土气”这些词来指称或形容他们，就带有几分讥讽的味道。

乡土社会是熟人社会

因为乡土社会的不流动性和地方性的特点，乡下人世世代代在一个村里定居，生于斯，死于斯，这是他们生活的常态。如果村里的每个人都是这样生活的话，由于长时间的经常的接触，人和人之间彼此相互认识了解，相互熟悉，就形成了一个熟人的社会，没有陌生人的社会。

在这里，费孝通从社会学的角度，区分了两种不同性质的社会。

> 一种并没有具体目的，只是因为在一起生长而发生的社会；一种是为了要完成一件任务而结合的社会。

他称前一种社会为“礼俗社会”，后一种社会为“法理社会”。

熟人社会就是礼俗社会。在熟人社会里，人们依靠礼俗来进行社会管理。困在土地上的村民，他们日常接触的人，与他们一样，原先就居住在这里，不是他们选择得来的。由于频繁的来往接触，人们之间相互熟悉，更重要的是熟悉了村里行事的礼节风俗。在这里，费孝通借用孔子的“学而时习之，不亦说乎”来说明村民习得礼俗的过程：

> 熟悉是从时间里、多方面、经常的接触中所发生的亲密的感觉。这感觉是无数次的小摩擦里陶炼出来的结果。这过程是《论语》第一句里的“习”字。“学”是和陌生事物的最初接触，“习”是陶炼，“不亦悦乎”是描写熟悉之后的亲密感觉。

最开始，村民是在交往中接触到陌生的礼俗，经过无数次的往复摩擦，最终习得礼俗，化成自己的行为习惯，习惯成自然，“得到从心所欲而不逾规矩的自由”。这自由是指礼俗由外而内、由陌生到熟悉，成为村民的行为习惯，而不感到强制。这种自由与法律所保障的自由是不同的，现代法律所保障的自由是指个人的权利。从这个意义上说，熟人社会不是法理社会。

熟人社会是讲究信用的社会。在熟人社会里，人们因熟悉而获得信任，做事讲究信用。信用就是指遵守约定俗成的做事规矩。靠信用做事，只能发生在熟人之间，“我们大家是熟人，打个招呼就是了，还用得着多说么?”在熟人间我们经常能听到费孝通所引用的这句话。

但依靠信用做事也不是完全可靠，有些熟人会利用别人对他的信任而不按规矩做事，有些熟人因为相熟而不能获得信任，只是这些情况在熟人社会里不是普遍现象，是例外。而且在熟人社会里，这种例外的行为会受到人们的谴责、孤立，后果很严重，一般人不敢轻易为之。因此，一般说来，在熟人社会里，人与人之间的关系依赖于信用，因而法律无从发生。

乡土社会讲究熟悉，讲究信用，这也是“土气”的一种特色。

因为只有直接依赖于泥土的生活才会像植物一般的在一个地方生下根，这些在一个小地方生了根的人，才能在悠长的时间中，从容地去摸熟每个人的生活，像母亲对于她的儿女一般。

熟悉是熟知，不是真理

乡土社会里的人不仅对自己生活中的人熟悉，而且熟悉自己所接触的物。他们根据日常的观察获得对个别事物的认识，熟悉个别事物之间的关联。这是一种熟知。从熟知而来的认识是个别的，而不是“抽象的普遍原则”和“笼罩万有的真理”。

费孝通在文章中举例，一位老农看见蚂蚁在搬家，凭他以往的日常经验就知道天要下雨，赶忙去田里开沟放水。他熟悉蚂蚁搬家意味着什么，但他并不会去探究蚂蚁的行为和天气变化之间是否具有某种普遍的必然联系。他依靠自己的经验来生活，依赖自己的经验做出判断。

乡土社会里的人埋在经验里，不善于从经验里抽象出普遍原则获得真理性认识。因为在熟悉的环境里，他们不需要普遍原则，只要熟知事物间的个别关联，就能适应环境的挑战，解决生存和生活的问题。

费孝通以《论语》中孔子对“孝”的解释为例，再一次说明乡土社会的这一特性。

> 我读《论语》时，看到孔子在不同人面前说着不同的话来解释“孝”的意义时，我感觉到这乡土社会的特性了。孝是什么？孔子并没有抽象地加以说明，而是列举具体的行为，因人而异地答复了他的学生。最后甚至归结到“心安”二字。

孔子对“孝”的回答，不是给出一个普遍性的定义，而是针对每个人生活经验的不同，给出不同的回答。在日常生活中，做子女的摸透父母的性格，投其所好，就是尽孝，并无一定之规、统一的尽孝的标准。

这种只凭经验、不重视普遍原理的方法是中国乡土社会及其文化的特点，不擅长抽象思维，形成不了科学的理论体系。现代社会是一个陌生人的社会，是一个讲规则、重契约的社会。乡土社会的礼俗习惯，只注重经验的传统已经无法适应现代社会的要求。因此，“‘土气’成了骂人的词汇，‘乡’也不再是衣锦荣归的去处了”。

乡土社会是有语无文的社会：从空间角度看

在《文字下乡》和《再论文字下乡》这两篇文章里，费孝通通过“文字下乡”这个话题，进一步分析了乡土社会的普遍特征。

他从空间和时间两个不同角度，论证了乡土社会是一个有语言而无文字的社会。他给出的理由是，乡土社会是熟人社会，空间上不流动、无阻隔，时间上近乎处于静态，人们的生活方式和文化因袭循环，几无变化，因此无文字需要。

与此同时，他也批评了当时乡村工作者所认为的一种观点：乡下人的“愚”在于不识字。在费孝通那里，不识字不是愚不愚的问题，而是需要不需要的问题。他认为，只有在改变乡土社会的性质与结构之后，文字下乡才有需要，也才有意义。

“愚”是知识不及，而不是智力不及

在《文字下乡》的开头，费孝通首先批评有些城里人认为乡下人“愚”“笨”，他很生动地举了一个例子：

> 乡下人在马路上听见背后汽车连续地按喇叭，慌了手脚，东避也不是，西躲又不是，司机拉住闸车，在玻璃窗里，探出半个头，向着那土老头儿，啐了一口：“笨蛋！”

在当时，汽车是稀罕物，乡下人接触不多，不懂行车规则，进城遇到车自然不知道怎么避让，城里人因此说他们“愚”“笨”。费孝通认为，这种说法冤枉了他们。因为他发现，有些城里人到了乡下，连谷麦都分不清，这种情形在乡下人看来，也是愚不可及的。

这些“愚”“笨”在费孝通看来，是由于人的生长环境不同，缺乏相关的知识和经验导致的。这是知识问题，而不是智力问题，是知识不及所造成的“愚”，而不是智力不及所造成的“愚”。

接着，费孝通还批评有些乡村工作者觉得乡下人“愚”是因为他们不识字，是文盲。费孝通认为，把不识字说成“愚”，也让人难以信服。他说：

> “愚”如果是指智力的不足或缺陷，那么识不识字却并非愚不愚的标准。

也即，我们不能说一个人识字，他的智力就好，就不“愚”了；一个人不识字，他的智力就不好，就是“愚”了。

费孝通在这里指出，智力是一种学习的能力，但如果一个人没有学习的机会，不论他有没有学习的能力，最后还是学不到什么的。

他又举了一个自己身边的例子来说明：教授的孩子在课程学习上比乡下孩子学得快、成绩好，但在田野里捉蚱蜢，却扑来扑去，屡扑屡失，而乡下的孩子反应灵敏，一扑一得。显然，对于教授的孩子和乡下的孩子来说，他们身上不同的本领、经验和知识，并不能说明他们在智力上有区别，只能说明他们的学习环境和机会不一样。

> 乡下孩子不像教授们的孩子到处看见书籍，到处接触着字，这不是他们日常所混熟的环境。教授们的孩子并不见得一定是遗传上有什么特别善于识字的能力，显而易见的却是有着易于识字的环境。

因此，城里人说乡下人“愚”，实际上不是指他们智力不及人，而是知识不及人，更准确地说，乡下人在城市生活所需的知识，比不上城里人多。同样道理，乡下人也可以说城里人“愚”，因为他们在乡下生活所需的知识，也比不上乡下人多。

这其中所造成的差别，跟智力无关，却与他们生活的环境息息相关。

所以，费孝通认为，不同的环境提供不同的学习机会，从而使人产生认知上的区别。

熟人社会无文字需要

这样说来，费孝通认为，乡下人不识字，文盲多，这是事实，但如果说不识字就是“愚”，那显然是不对的。原因在于乡土社会是一个熟人的社会，是一个面对面的社群。

人们天天见面，彼此熟悉，他们日常的交流靠面对面的语言（说话）沟通，有时甚至靠肢体动作来加以辨识就能完成，完全用不到书面的文字。因此，识字不是他们的生活环境所必需的。

今天在某些农村或边远的山区，我们也能见到有些人不识字，不会读书看报，但这并不影响他们用本地话交流。另外，我们小时候不识字，也不影响我们用语言与家人交流。所有这些都是发生在熟人之间的，或同乡或家里人。

甚至，很多人还有这种经验，听到一个人说话的声音、走路的声音，就知道是谁在说话、谁来了。这只能发生在熟人之间，我们已经熟悉他的说话声、走路声，可以做到闻声识人。

日常生活里，听到有人敲门，大家会问“谁呀”，经常得到的回答是“我”，这是只有熟人之间才会发生的。门里的人靠听到“我”这个声音来辨别是谁来了，而门外的人心里无须多想就能断定，对方听见自己的声音，肯定知道我是谁。如果是陌生人来敲门，他自然会报上自家姓谁名啥，以便对方识别。

这些情况说明，如果我们在熟人中生活，那么，我们就不免带有乡土社会的特点：熟人之间是无须用文字来沟通的。

文字、语言、肢体动作

既然乡土社会是熟人社会，熟人社会靠语言（说话）、肢体动作交流，无须文字，那么，文字是如何产生的呢？

费孝通认为，在空间和时间中，人与人的接触发生了障碍，才出现了文字，需要通过文字来沟通。

例如，我们在家时，可以与父母面对面直接说话，不存在空间阻隔，文字表达就成为多余。一旦我们离开了家，空间阻隔就出现了，这时不能与父母直接交谈，从前可以通过写信，现在还可以通过社交网络，比如微信等向父母表达自己的所思所想，这就离不开文字的使用。

再比如，宋词里爱说“愁”，词人也是借着文字来向别人表达自己的愁绪。如辛弃疾在《丑奴儿》中说“愁”：“少年不识愁滋味”“为赋新词强说愁”“而今识尽愁滋味，欲说还休”。

文字的使用是发生在人与人之间不能面对面的空间里，但文字也有自己的局限性，文字的传情达意总是不完全的。

有时候，我们说一件事情只可意会、不能言传，就是因文字无法完全表达这件事的情态。例如，当我肚子痛时，我说“我肚子很痛”。对于没有痛过的人，他听到这句话，体验不了我的疼痛感，而对于痛过的人，他也并不能体验到和我同样程度的疼痛感。

有时候，对同一个词，由于人们所处的环境和经历不一样，也会有不同的理解。有一天，有一个外婆说她六岁的外孙生活好，没有吃过苦。这男孩马上说：我吃过苦，我吃过菜里的苦，苦瓜就很苦。显然，由于经历和体验不同，祖孙俩对同一“苦”字有不一样的理解。人们使用文字时，要讲究文法和艺术，就是为了防止文字走样、误会、被曲解。

在面对面直接说话时，我们会不太注意文法使用，但却可以借助肢体动作和表情来补充所要传达的情意。我们可以用手指着一位朋友，问：“昨晚去哪儿了?”而没必要说出“你”字；看到一位老朋友要远行，我们会向他挥手，表示“再见”；我们可以向一个人伸出大拇指，表示“你真棒”；我们感到身体不舒服，会通过皱眉头表现出来，而不必通过话语说出来。

因此，在费孝通看来，文字发生在人与人的空间阻隔里，是间接的说话。文字不能完全表情达意，是一个不太完善的工具。而面对面地说话是直接接触，人们通过语言（说话）可以更好地沟通，甚至可以借助肢体动作和表情来补充说话的表情达意。肢体动作和表情比说话更为直接、更容易传情达意。

所以，费孝通认为，在乡土社会里，不但文字是多余的，连语言都不是传情达意的唯一工具；乡下人不用文字不是“愚”的表现，而是没有使用文字的需要。

语言是社会的产物

费孝通进一步推论，在面对面的社群里，语言本身也是人们不得已而采用的工具。在一个社群里，人们要沟通，只靠肢体动作和表情来表达是不够的，因而才发生语言。

语言是用声音来表现的，它的意义是人们赋予的。生活在同一个环境里的人，有着相同或相似的经历，因此赋予一个语言同一意义。这样的语言说出来，大家才能理解。所以，从这个角度看，语言不是个人的语言，而是社会的语言，是社会的产物。

例如，我们说“苹果”这个词，我们不仅听到这个词的声音，而且理解它的意义，就是指现实中的苹果这个事物。但如果一个人不是生活在讲汉语的社群里，我们跟他说“苹果”这个词，他同样能听到这个词的声音，却不知道它的意义。原因就在于他不具有汉语“苹果”这个词所指何物的生活经验。

同样，任何方言对于方言地区以外的人来说，都是只闻其声不识其义，无法参与交流。少数人之间的行话，只有同行的人才能听懂，外行人因为没有这种经验，也是不会理解的。今天的年轻人中间流行圈层文化，比如二次元圈、游戏圈等，他们在网络聊天时，就经常使用一些圈外人听不懂的行话，也属于这种情况。

就此而言，语言具有明显的社群性质，不同的社群具有不同的语言。而在乡土社会——一个面对面的社群里，文字成为多余，人们依靠语言和肢体动作就能完成交流。

但这一观点是否就表明费孝通反对文字下乡呢？并不是的。在他看来，中国在现代化的过程中，人们已经开始抛离乡土社会，走进一个陌生的社会，文字是现代化的工具，识字是必要的，是人们获得知识以及和陌生人沟通的手段。

他在《文字下乡》中所要辨明的是，乡土社会中的文盲，并非出于乡下人的“愚”，而是由于乡土社会本质上是一个熟人社会，无文字使用的需要，是一个有语言无文字的社会。

乡土社会是有语无文的社会：从时间角度看

在《文字下乡》中，费孝通从空间角度论证，乡土社会是一个面对面的社会，生活在其中的人和人之间不存在空间上的阻隔，有话可以当面说明白，不必求助于文字。而《再论文字下乡》则是从时间角度来论证，乡土社会不存在时间上的阻隔，因此是一个有语言而无文字的社会。

记忆：打破个人的今昔阻隔

在这篇文章里，费孝通首先把时间上的阻隔分为两类：一类是个人的今昔阻隔；另一类是社会的世代阻隔。

那么，个人是靠什么来打破个人的今昔阻隔呢？费孝通认为，人和动物不一样的地方就是人有学习能力。例如，小孩刚出生，他们和动物一样，靠本能生活。但是，在他们自我意识萌发的时候，就开始从身边的人那学习说话，慢慢懂得说话背后的意义。小孩听到一声“妈妈”就知道是指他的母亲，听到一声“爸爸”就知道是指他的父亲；并且习得一套做事的习惯，知道吃饭就要在饭桌边坐好，尿尿就要去卫生间。

所有这些说话和做事的养成，不是一次、两次训练就可以的，而是需要无数次的重复，即费孝通在文中所说的“习”，这样才能习得一套新的行为模式，去适应周围环境。

费孝通进一步认为，人在学习中，是靠时间中的桥梁——记忆，来打破个人的今昔阻隔。在记忆中，人们则依靠一套象征体系——最重要的是“词”——来进行活动。

生活中，一个失去记忆的人，他的眼睛明明看着一个他过去熟悉的人或物，但就是不知道这个人是谁，这个物是什么，原因在于他的大脑里已经失去了词，曾经有的词都遗忘了，再也无法用那些词去表达事物了。

“词”是如何产生的呢？费孝通认为，词是表达概念的，概念是从具体情境中抽象出来的。

例如，一个人在具体的情境里，看到圆的树、圆的石头、圆的山头、圆的洞穴等圆的事物，他就发现这些事物都有一个共同特征——圆，于是，在大脑中形成一个圆的概念，这个大脑中圆的概念要借助口中“圆”这个词表达出来。这样，人们借助词可以去识别事物，也使人们之间的交流成为可能。

在这里，我们要注意费孝通把“文”与“词”区别开来。他说：

> 文是用眼睛可以看得到的符号，就是字。词不一定是刻出来或写出来的符号，也可以是用声音说出来的符号，语言。

人们正是借助词，通过记忆，打破了个人今昔的阻隔。一个人之所以成为当前这样的一个人，就是靠自己以前学习、记忆积累的结果。

人有学习能力、记忆能力，还因为人们当前的生活必须借助以往的一套生活方式，才能在人群中生存下去。这套方式就是不断积累起来的社会共同经验，也即文化。

所以，每个人的“当前”，不但包含他个人“过去”的投影，也是整个民族“过去”的投影。

人不能离开自己的记忆而生活，也不能离开学习文化而生活。一个人接受什么语言，说什么话，也就接受了什么文化，最终会成为那种文化的人。一个人接受汉语教育，说惯汉语，他就会成为被汉文化所塑造的那种人；同理，一个人接受英语教育，说惯英语，他就会成为被英语文化所塑造的那种人。这就是“语言造就了人”的意思。

例如，我们有时戏称出生在欧美国家的华裔为“香蕉人”。他们从外表上看是黄种人，是中国人，但他们从小接触的都是西方文化，英语、法语等是他们的母语，他们的整个思想和价值观都是西式的。

费孝通还认为，人的记忆是有选择性的，是根据人们的生活需要来选择的。这就像人的感觉一样。人的感觉也是有选择性的，人们只感觉得到自己所注意的对象，而所注意的对象，则是与自己的生活需要相关的。

一个人如果肚子很饿，走入森林里，尽管树木花草迎面而来，他的眼睛却总是注意着、搜寻着猎物，而对其他事物熟视无睹。记忆也是如此，“是出于当前的需要而追忆过去”，“记忆并非无所为的，而是实用的，是为了生活”。

个别的经验成为世代的经验

费孝通认为，在乡土社会中生活的人，他们所要记忆的东西是有限的。与此相对，生活在现代都市里的人，所接触的大多是陌生人和新鲜事物，光靠记忆是不够的，还需要文字记录，以备使用。

乡土社会是靠泥土讨生活的社会，这里面的人在空间上是不易流动的，他们生于斯，长于斯，死于斯，过着安稳刻板的生活。在乡土社会，人们祖祖辈辈都生活在同一个地方，这是一个历世不移的社会。

历世不移的结果，是人不仅在熟人中长大，也在熟悉的环境中长大。人们仅依赖祖先传下来的经验，就足以应对生活的需要。四季的耕作，日常的起居，人事的应对，都有一套先辈验证过的固定程序和规矩，他们只需照单全收。这样，祖先的个别经验就一代一代流传下来，成为世代的经验，这是他们要记忆的东西。

所以，在乡土社会里，经验无须不断积累更新，只需凭借记忆保存。每代人都过着同一模式的生活，时间仿佛静止了，历史就是循环，下一代人的生活无非是重复上一代人的生活而已。这就像同一戏台上演同一台戏，演员所需记得的总是同一套戏文。

语言：打破社会的世代阻隔

费孝通认为，在这种静态的乡土社会里，语言足够传递世代间的经验，从而打破社会的世代阻隔。

乡土社会里的人们遇到问题，总喜欢向老一辈的人讨教经验。因为他们生活在同一个不变的环境里，年轻人所遇到的问题，就是老年人当年遇到过的问题，老年人解决问题的方法，对年轻人同样有效。

例如，儿子农田耕作，父亲可以手把手教；女儿养育儿女，母亲可以亲身示范，这些经验一代接一代，口口相传，完全用不着文字，全部文化可以在亲子之间传授。

只有在一个经常变动的社会里，人的记忆力已经不够应付生活里的种种情境，人们才会需要外在的象征，利用联想作用来帮助记忆，从而出现了对文字的需要。

从语言到文字，也就是从“用声音来说词”到“用笔写字”，是由于社会从一个静态定型的社会变成一个动态不定型的社会。在动态的都市社会里，人们时时接触到新的人和事，需要文字记录帮助记忆，以便解决生活中遇到的问题。

因此，费孝通认为，中国社会从基层看是乡土性，是一个有语言而无文字的社会，中国的文字不会在基层发生。他说：

> 不论在空间和时间的格局上，这种乡土社会，在面对面的亲密接触中，在反复地在同一生活定型中生活的人们，并不是愚到字都不认得，而是没有用字来帮助他们在社会中生活的需要。

文章最后，费孝通表明了这样一种观点，即只有中国的乡土社会发生了变化，文字才能下乡。这里有两点要注意：

第一，这是对提倡文字下乡的乡村工作者的批评。按照费孝通的观点，当时中国社会处于缓慢艰难的转型期，人们首先要做的是改变社会现状，打破农耕生活方式，使农村往工业方向发展，因而学习新知识和新技术就是不可或缺的手段，而识字是其前提。因此，只有农村社会结构先发生了变化，文字下乡才有意义。而不是相反，如一些乡村工作者那样，主张靠文字下乡去改变乡村社会面貌。

第二，这符合他的乡土社会的理论逻辑。既然乡土社会是一个面对面的熟人社会，人们之间靠传授经验就能打破空间和时间的阻隔，就能满足生活的需要，文字就成为多余的了。

但他的这种理论逻辑是否符合中国乡村的实际情况呢？实际上，在传统乡村里，有私塾教育的存在，也有耕读人家，识字尽管不普遍，但并非不存在、毫无作用。这是我们可以进一步讨论的地方。

也许我们可以说，费孝通看到了传统乡村的普遍现象，但不是全部事实，正如他在重刊序言所说，他在书中提出的观点只是一种观念类型，以便运用它来认识中国传统社会的基本特征。他的理论是部分真理。

差序格局：乡土社会里人和人的关系模式

中国基层社会最主要的结构类型

费孝通认为，传统中国的基层社会是一个乡土社会，这是因为它是从千百年田间地头的耕种劳作里发展而来的。人们在祖祖辈辈赖以生存的土地上组织生产劳动，组建生活圈子，从而具备“土气”特质，也养成了一套人和人之间维系关系的独特规则。

说是规则，其实并不准确。因为人们在言行举止中所尊崇的这套规则，并不是今天现代社会普遍意义上的法规法则，而是乡土社会中绝大多数人所遵循的行为模式。从这套行为模式里面，费孝通原创性地提出了一个社会学概念“差序格局”来加以说明。从字面看，差序格局是指一种具有差序特色的社会格局。它是《乡土中国》中最重要的一个概念，本书后面的篇章可以说都是围绕差序格局来展开论述的。

要理解费孝通在《乡土中国》中所描绘的社会结构，有两个方面需要特别注意。

首先，他所指的社会结构并非社会的阶层结构，而是社会的构成方式，也就是个人如何在一个社会中生活。通过观察一个社会的社会结构，来理解生活在其中的个人，这是费孝通的立意。他在《观察》周刊开辟的专栏，就是“从社会结构看中国”。

其次，费孝通所提出的差序格局并非乡土社会的唯一社会结构类型，而是乡土社会中最具代表性的一种形式。因此，不能将差序格局看作中国社会的一幅完整画像。

费孝通试图带领读者从中国的基层社会结构出发，找到乡土文化形成的原因，分析乡土社会的发展情况，以及如何使乡土社会适应现代化的时代要求。

下面我们就来具体看一下，费孝通是如何阐述中国乡土社会的差序格局的。

“私”是群己、人我的界限问题

在《差序格局》的文章开头，费孝通再次提出一个质疑：中国的乡下佬是否真如一些乡村工作者所言，身上最大的毛病就是“私”？

他先引用了一句俗语“各人自扫门前雪，莫管他人屋上霜”。费孝通认为，在中国，抱有这种态度的其实并不只是乡下人，也包括所谓的城里人。接着，他举了几个例子来印证这一判断。

在他的家乡苏州，家家户户后门流经的小河，就像开放式的流动垃圾场，随便什么都能往里倒，究其原因，小河是公家的，与己无关。另外，如果几户人家合住在一个院里，那么公共走廊、院子和厕所等共同使用的地方就显得脏乱不堪，没人愿意去打扫。这些都是十分普遍的社会现象。

再进一步，彼时民国政府上下，贪污乱象频发，令“私”几乎成为中国人在国际社会上的刻板印象。费孝通总结这种情况就像劣币驱逐良币，最终公德心被自私心驱走，看上去“私的毛病在中国实在是比愚和病更普遍得多，从上到下似乎没有不害这毛病的”。

不过，费孝通其实并不赞同这种简单粗暴的批评，他更希望去探究为什么中国社会会出现这样的问题。在他看来，中国人所谓“私”的习惯，是由乡土社会的社会结构造成的，而非国人普遍缺乏道德意识。

要洞察这一点，就要先明白“这里所谓‘私’的问题却是个群己、人我的界限怎样划法的问题”。他强调：

> 我们传统的划法，显然是和西洋的划法不同。因之，如果我们要讨论私的问题就得把整个社会结构的格局提出来考虑一下了。

从社会学角度理解，正因为中西方社会结构的格局有所不同，才使得生活在这两种社会里的人们对“私”产生了不同的理解。这一结论为打破人们对中国乡下佬“私”的误解提供了思路，也引出了有关差序格局的分析和解说。

但这里要指出的是，费孝通笔下“各人自扫门前雪，莫管他人屋上霜”的“私”和往公共河流里倒垃圾及损坏公共财物的“私”实际上并不是同一种“私”。前者指的是对待他人的事情抱有冷漠的态度，是个人和他人之间的人际关系；而后者指的是破坏公共场所的行为，是个人与社会公共领域的关系，是一种地理空间上的公私关系。前者表现的是利己不损人，后者则是明显的损公利己。

如果再往深一层剖析，那就是公和私的第三种关系形态，即个人与国家利益之间的关系。为贪图一己之利而牺牲了国家利益，这也就是费孝通提到的外国舆论攻击民国政府的贪污无能，是当时的公务人员严重缺乏服务意识和责任感的表现。

类似捆柴的团体格局

中西方在公和私的界限划分上到底有什么不同呢？费孝通在本文中运用生动的具象比喻手法，对此做出分析和说明。

费孝通把西洋社会结构形容为一捆一捆的柴。根据在田野调查中的细致观察，他生动地写道：

> 西洋的社会有些像我们在田里捆柴，几根稻草束成一把，几把束成一扎，几扎束成一捆，几捆束成一挑。每一根柴在整个挑里都属于一定的捆、扎、把。每一根柴也都可以找到同把、同扎、同捆的柴，分扎得清楚不会乱的。在社会，这些单位就是团体。

费孝通的高明之处在于，他能把抽象的社会格局，用人人都明白的浅显文字勾勒出来。哪怕今天大多数城市居民没有过做农活的生活经验或者接触过这类事物，也能大致明白所谓捆柴的模式究竟是怎么一回事。他把这样的社会结构命名为“团体格局”。

“团体格局”是相对“差序格局”而存在的一个社会学概念，西方语境里并没有这个词。在这里，团体的意思和我们日常理解的也不太一样，费孝通造出这个新词，就是为了帮助大家认识和辨析西方的社会格局。同时，他不忘提醒读者：

> 一个人可以参加好几个团体，而好几扎柴里都有某一根柴当然是不可能的，这是人和柴不同的地方。

团体皆由个人构成，因而团体格局具有两方面的显著特点。首先就是团体的界限必须是清晰的，团体内外的人，有着明确的身份辨识：

> 团体是有一定界限的，谁是团体里的人，谁是团体外的人，不能模糊，一定得分清楚。

其次就是团体的运行依赖全体成员的共同契约，同一个团体内部的所有成员在契约面前人人平等，享受同样的权利，承担同样的义务：

> 在团体里的人是一伙，对于团体的关系是相同的，如果同一团体中有组别或等级的分别，那也是事先规定的。

因而，在西方社会，公私之分，可以是个人和团体内部的他人之分，也可以是一个团体和外部其他团体之分。

费孝通认为，西方国家之所以形成这样一套社会格局，是有其基督教文化根源的。《新约圣经》的博爱观念强调，基督耶稣对于他的子民无差别地爱，每个子民都是平等的。这种平等观体现在团体中，就是每个人的地位和权利是相等的。这就像一捆柴，其中的每一根柴的重要性都是一样的。

以社会中最基本的单位家庭为例。费孝通认为，家庭在西洋是一种界限分明的团体。

如果有一位朋友写信给你说他将要“带了他的家庭”一起来看你，他很知道要和他一同来的是哪几个人。……在英美，家庭包括他和他的妻以及未成年的孩子。如果他只和他太太一起来，就不会用“家庭”。

这是西方社会对家庭的界定，父母和未成年子女组成家庭，子女一旦成年，就会自动脱离“家籍”。当然，说脱离是指从权利上而言，并不是情感上的割裂，就像完成了学业的学生要毕业那样，身份上不再属于这里，但情感牵绊仍在。

类似波纹的差序格局

传统中国的社会格局显然和团体格局截然不同。同样是家庭，相比起西方的界限分明，费孝通认为，中国人说到家就比较含糊。

在我们中国“阖第光临”虽则常见，但是很少人能说得出这个“第”字究竟应当包括些什么人。

由此，他进一步分析：

提到了我们的用字，这个“家”字可以说最能伸缩自如了。“家里的”可以指自己的太太一个人，“家门”可以指伯叔侄子一大批，“自家人”可以包罗任何要拉入自己的圈子，表示亲热的人物。自家人的范围是因时因地可伸缩的，大到数不清，真是天下可成一家。

这些熟悉的用词当中，实际上包含了中国乡土社会结构的典型特征。费孝通在此给出了另一个形象的比喻：

好像把一块石头丢在水面上所发生的一圈圈推出去的波纹。每个人都是他社会影响所推出去的圈子的中心。

水面的涟漪大家都不陌生，从一个中心点一层层荡开来，往外不断扩散。这就是费孝通给差序格局画的特写。

在这里，费孝通指出差序格局的三个重要特征。第一个是以己为中心，以同心圆的形态，层层往外推出。第二个是人和人之间的关系就像波纹，一圈圈推出去，越推越远，越推越薄，人和人之间的关系是近亲远疏。第三个是每个人的圈子是不固定的，“每个人在某一时间某一地点所动用的圈子是不一定相同的”。

费孝通认为，乡土社会中这种同心圆波纹的结构特质，大致体现在两个层面。

第一个层面是亲属关系，包括了从生育和婚姻两方面出发所形成的社会关系。前者是纵向发展，后者是横向扩张，纵横交错结成网络，在时空中便“可以一直推出去包括无穷的人”，我们日常生活中最常接触到的“亲戚”就包含在这张网络里面。

第二个层面是地缘关系，即以每一家的地理位置为圆心，再以这个家庭的势力大小为半径所画出的圈子，我们通常称之为“街坊”。势力越大的人家，街坊所覆盖的范围就越大，反之亦然。街坊在生活中的意义，主要是人情礼节上的往来，所以中国俗话中才会有“远亲不如近邻”一说，这也是差序格局在地缘上的体现。

无论是亲属关系还是地缘关系，差序格局和团体格局最明显的差异之一就是界限划分的不明确，费孝通称之为“具有伸缩能力”。这也是乡土社会公私界限划分的特点，怎么界定公和私是由同心圆中心位置的那个人根据需要来决定的，波纹圈内层是私，外层为公，一旦中心位置的人的需要变了，公私界限也会随之改变。如果从第三方视角来审视，的确就会出现中国人多有“私”的毛病的看法。

差序格局的文化根源

儒家“人伦”

按照费孝通的观点，差序格局的核心在于圆心，每一个波纹圈的荡漾都是从中心向外辐射。因此，他在文章中对差序格局做了更为严谨的阐述：

> 以“己”为中心，像石子一般投入水中，和别人所联系成的社会关系，不像团体中的分子一般大家立在一个平面上的，而是像水的波纹一般，一圈圈推出去，愈推愈远，也愈推愈薄。

从表象看，差序格局是一个同心圆层层推出的形态；从本质看，逐渐扩张的水纹波浪其远近关系遵循一定的逻辑，即中国儒家传统中最根本的道德准则：人伦。

今天我们比较少讨论“人伦”这个概念了，借用当代人更为熟悉的一个词语就是“人际关系”，但人伦较之人际关系又更深一层。两个字当中，包含了儒家文化所构建的伦理观念。费孝通是怎么解读的呢？他说：

> 我们儒家最考究的是人伦，伦是什么呢？我的解释就是从自己推出去的和自己发生社会关系的那一群人里所发生的一轮轮波纹的差序。

这是费孝通对“伦”的理解：伦是差序，即有差等的次序。这也正是他把传统中国的社会格局命名为差序格局的由来。

仑（繁体写作“侖”），在汉字分类里是一个会意字。东汉许慎《说文解字》中将其解释为：仑，思也，从亼，从冊。亼就是集；冊就是用绳子把一片片写上文字的竹简按条理、秩序编成书的形象。从字形看，仑即思想遵从一定的秩序。那么伦（繁体写作“倫”）顾名思义就是人与人之间的行为逻辑所需要尊崇的秩序。东汉刘熙《释名》对“沦（繁体写作‘淪’）”字的解释是：“伦也，水文相次有伦理也。”可见，费孝通把差序格局比喻为水纹波浪也是有出处的，并非异想天开。

他进一步强调：伦重在分别。这里又引申出了一个重要概念，也就是儒家讲求人伦，关键是不同类别身份的人之间的相互关系是要区别对待的。

儒家人伦的差序特色，最早可溯源到古代封建社会中的丧服制度——五服，即从高祖到玄孙九个世代的男系后裔及其配偶，直系和旁系亲属都包括在内，为有服亲属，要为死者服丧，亲者服重，疏者服轻，依次递减。

儒家经典《礼记·祭统》中提出十伦，即鬼神、君臣、父子、贵贱、亲疏、爵赏、夫妇、政事、长幼、上下。《孟子·滕文公》有：“教以人伦，父子有亲，君臣有义，夫妇有别，长幼有序，朋友有信。”《中庸》里则将之概括为“天下达到五”，即“君臣也，父子也，夫妇也，昆弟也，朋友之交也”。后来，五伦的观念在儒家传统的承袭中逐步形成。其中所主张的就是在家庭和社会中，人与人这五种关系必须分别对待：

> 在我们现在读来，鬼神、君臣、父子、夫妇等具体的社会关系，怎能和贵贱、亲疏、远近、上下等抽象的相对地位相提并论？其实在我们传统的社会结构里最基本的概念，这个人和人往来所构成的网络中的纲纪，就是一个差序，也就是伦。

从现实生活谈到文化传统，最后费孝通总结道，既然伦是有秩序的分别，那么由谁来决定应该用哪一套秩序去对待对方呢？这个决策者就是差序格局的中心——自己。他的根据来自孔子所主张的“推己及人”。

> 孔子最注重的就是水纹波浪向外扩张的推字。他先承认一个己，推己及人的己，对于这己，得加以克服于礼，克己就是修身。顺着这

同心圆的伦常，就可向外推了。……从己到家，由家到国，由国到天下，是一条通路。《中庸》里把五伦作为天下之达道。因为在这种社会结构里，从己到天下是一圈一圈推出去的，所以孟子说他“善推而已矣”。

孔子从己出发，去构建社会道德系统，推己及人，克己复礼，中心是自己，就像北极星“居其所而众星拱之”。他和弟子有一段谈论恕道的经典对话：

或曰：“以德报怨，何如?”子曰：“何以报德? 以直报怨，以德报德。”

费孝通在这里试图用社会学视角解读孔子的“以直报怨”，重点就是要突出孔子在对待德和怨的时候，并不是以统一的标准来行事的。如果对方是一个有德行的君子，那么我就回报以有德的行为；如果对方是一个缺乏德行的小人，那么我就不能以有德的行为去对待他，而应当调整自己，回报以“直”，即以合适的行为去改变对方的不道德行为。费孝通认为，这正是所谓差序层次。

再谈“私”：自我主义

值得注意的是，儒家人伦讲“己欲立而立人，己欲达而达人”“己所不欲，勿施于人”“君子求诸己，小人求诸人”，都是以己为价值中心。费孝通认为，这种观念不是个人主义，而是自我主义。

对此，他在文章中对个人及个人主义的权利观做出说明：

个人是对团体而说的，是分子对全体。在个人主义下，一方面是平等观念，指在同一团体中各分子的地位相等，个人不能侵犯大家的权利；一方面是宪法观念，指团体不能抹杀个人，只能在个人们所愿意交出的一分权利上控制个人。

个人是相对团体而存在的概念，如果要承认个人及其权利，必须先在逻辑上假定团体的存在。但从实际的角度看，团体格局的基础是个人主义，个人主义的特点是权利优先。

> 在孩子成年了住在家里都得给父母膳食费的西洋社会里，大家承认团体的界限。在团体里的有一定的资格。资格取消了就得走出这个团体。在他们不是人情冷热的问题，而是权利问题。

与此相对应的，差序格局体现的是以己为中心的自我主义，所注重的是人们之间的交情、关系。

在费孝通看来，所谓自我主义，不只是杨朱所主张的那种极端的观念："拔一毛而利天下不为"，孔子所提倡的爱有差等，也是自我主义。所不同的是，杨朱只关注自我，可以说是一种利己主义，而孔子是以自我为出发点，强调先爱自己和家人，然后才能爱别人，而且爱自己比爱别人会更多一些。

费孝通认为，儒家的这种自我主义，可以说明中国传统社会中私的问题。

> 中国传统社会里一个人为了自己可以牺牲家，为了家可以牺牲党，为了党可以牺牲国，为了国可以牺牲天下。

也正是在这里，公私变成相对的，可以伸缩的。家对于个人来说是公，而对于党来说是私；党对于家来说是公，对于国来说是私。依此类推，公私、群己的界限模棱两可，没有了明确的界限。

> 为自己可以牺牲家，为家可以牺牲族……这是一个事实上的公式。在这种公式里，你如果说他私，他是不能承认的。因为当他牺牲族时，他可以为了家，家在他看来是公的。当他牺牲国家为他小团体谋利益，

争权利时，他也是为公，为了小团体的公。

在费孝通看来，乡土社会缺乏明确的群己界限，当然也缺乏现代国家观念，即“把国家看成了一个超过一切小组织的团体”，国家是为“每个分子谋利益的机构”。

> 在我们传统里群的极限是模糊不清的“天下”，国是皇帝之家，界限从来就是不清不楚的，不过是从自己这个中心里推出去的社会势力里的一圈而已。

因此，费孝通认为，乡土社会的差序格局以己为中心，己是具体的、确定的，是差序格局的出发点，克己就成了社会生活中最重要的德性。而群的边界是模糊不清的，克群是不可能发生的。同时，乡土社会没有明确的公私、群己界限，所以不存在所谓公德、私德的明确划分，“在差序格局中，社会关系是逐渐从一个一个人推出去的，是私人联系的增加，社会范围是一根根私人联系所构成的网络”，因而，社会道德只有在私人联系中才发生意义。——费孝通将从这一结论引出下一篇文章《系维着私人的道德》的主题。

维系私人的道德

社会结构决定道德观念

我们在《差序格局》中看到了费孝通是在与现代西方团体格局的比较中，提出中国乡土社会具有差序格局的特征。在《系维着私人的道德》这篇文章的开头，他又进一步分析了团体格局和差序格局的区别。

他认为，在团体格局中，个人不能脱离团体而生活，团体是个人生活的前提。要先有一个团体，而后才有“个人”的观念，就像要先有一个国家，而后才有“公民”的观念。这种团体格局最初发生在游牧民族的部落里，游牧部落里的人不能单兵打猎，他们必须相互依靠，组成一个团体，一起围猎，获得食物，这样才能在山林间、草地上生存下去。

但是，在一个稳定安居的乡土社会里，个人或以个人为中心的家庭可以在土地上自食其力，不太需要外人或其他家庭的帮助。因此，在乡土社会里，就形成了以自己为核心，以家庭为单位，人们的社会空间从自己、家庭往外拓展的模式。这即是“差序格局”。

在费孝通看来，社会结构决定着道德观念。他说：

> 社会结构格局的差别引起了不同的道德观念。道德观念是在社会里生活的人自觉应当遵守社会行为规范的信念。

这也就是说，有什么样的社会格局，就决定了有什么样的行为规范；有什么样的行为规范，就产生了什么样的道德观念。

从社会角度看，道德的作用在于社会对个人行为的制裁力，扬善惩恶，使人们的行为合乎规范，以便维持社会的生存和延续。

团体格局中的道德观念

在团体格局的社会中，道德观念建筑在个人和团体的关系上。个人是有形体的，看得见摸得着。那么，“团体”是什么呢？费孝通说：

> 团体是个超于个人的“实在”，不是有形的东西。我们不能具体地拿出一个有形体的东西来说这是团体。它是一束人和人的关系，是一个控制各个人行为的力量，是一种组成分子生活所依赖的对象，是先于任何个人而又不能脱离个人的共同意志……这种“实在”只能用有形的东西去象征它、表示它。

从这段话里我们可以分析出，在费孝通那里，团体不是具体有形的东西，它超越于个人之上。它是一种“关系”“力量”“共同意志”，这些虽不是有形的东西，但也是客观存在的，是实实在在的。

这就好比一个班级，我们所看到的是这个班级里的每一个具体的人，而看不到作为团体的班级；之所以有这个班级，是因为每个人之间具有同学关系，有共同的学习需要和目的，正是由于这些共同的关系和目的，使我们可以把一个班级称为团体。

因此，费孝通认为，在团体格局的社会中才会发生笼罩万物的神的观念，在万物之上有一个最高的统一体，即神。在现实生活中，“团体对个人的关系就象征在神对于信徒的关系中，是个有赏罚的裁判者，是个公正的维持者，是个全能的保护者”。

西方团体格局社会中的道德观念与它的基督教观念密切相关。按照基督教的解释，人是神所创造的，都赋有神的形象，具有神性，因此，人是可贵可尊的；神是人们共有的父亲，这父亲在天上，而不在地上，他被称为“天父”，每个人与天父的关系都是平等的，不存在个别的私人的关系，因此，每个人的人格是平等的。这就是从基督教观念——人人在神面前平等，引申出道德观念——人人在人格上平等。作为团体象征的神，不能被个人所私有，也就意味着，每个团体中的分子和团体的关系是相等的，团体不能为任何个人所私有。

神作为最高的团体，也是无形的，人们看不见摸不着。神的意志，靠牧师来代理。基督教中，神的意志的最大代理者就是耶稣。国家作为一个团体，也是无形的，国家意志（被统治者的意志）也需要代理者代理，这些代理者即是政府官员。当政府官员违背了国家意志，也即违背了被统治者意志的时候，被统治者有权改革或废除政府。这是从基督教神学观念引申出来的国家观念，国家作为一个团体，体现了被统治者的共同意志。

就像神对每个个人是公道的、一视同仁的一样，国家对每个人的权利也是同等对待的。统治者作为代理者，要遵守被统治者的意志；如果代理者违背了被统治者的意志，就会失去代理的资格。所以，在团体格局的道德体系中发生了权利的观念，人和人之间要相互尊重个人权利，国家要同等保障个人权利，限制政府权力，防止官员滥用权力损害到人民的权利，于是出现了宪法。在团体格局中，社会是靠法律来治理的。

差序格局中的道德观念

前面费孝通讨论了关于团体格局中道德观念的来源与特点，目的是对比差序格局中道德观念的来源和特点。在他看来，差序格局中的道德观念与团体格局中的道德观念刚好相反，不是从神学观念、团体观念出发，而是从现实实用原则、从己出发，把“克己复礼”“修身为本”作为道德观念的出发点。

在差序格局社会中，社会范围是以己为中心向外推出去的，它所建立的关系是私人之间的联系。向外推主要有两条路径：一条是亲属的路径，与它相对应的道德观念是孝和悌；另一条是朋友的路径，与它相对应的道德观念是忠和信。

孝、悌、忠、信都是私人关系中的道德观念，并没有涉及与团体的关系。在差序格局社会中，人们都以己为中心来处理人际关系，不会发生超乎私人关系的道德观念，因此缺乏团体格局社会中所具有的团体观念，超己的观念只有在团体格局的社会中才能发生。

关于孔子提出的“仁”的观念，费孝通认为《论语》对“仁”字的解释最多，也最难捉摸。

当孔子给“仁”字明白解释的时候，他就退回到私人间的道德观念，如说“克己复礼为仁”“仁者，爱人”等。所以，在费孝通看来，“仁这个观念只是逻辑上的总合，一切私人关系中道德要素的共相”。每当孔子用仁去说明具体的处境和行为时，还得回到“孝、悌、忠、信”这套具体的道德观念。

最主要的原因还在于，在差序格局的社会中，综合私人关系的“团体”缺乏具体性。例如“天下”作为“团体”观念，它的意义和范围都是不明确的，界限不明确，导致意义不明确，结果，与“天下”观念相对应的道德观念也就模糊不清，很难具体提出一个具有普遍性的道德观念。

与基督教“爱”的观念相比，中国传统道德没有基督教“博爱”的观念，即无差等的爱，对一切人抱有同等的爱；中国传统道德讲爱有差等，爱亲人比爱别人多一些。在传统道德中也很难找到个人对于团体的道德要求，即使有“忠君”观念，也不能理解为忠于国家。“忠君”不是个人与团体的道德关系，而是对君主的私人间的关系，是对个人的尽忠，而不是对团体（国家）的尽忠。在中国传统社会，只有忠君的观念，这是对君主或皇帝个人的效忠，效忠于王朝，也是效忠于某姓某家的王朝，缺乏一个团体的观念和与之相应的道德观念。

在差序格局中，道德标准不离人伦关系

团体道德的缺乏，使中国传统道德标准失去了普遍性，在处理公共事务中缺乏公共理性。一切道德和法律都要看所施的对象和自己的关系而加以不同程度的伸缩。

在《孟子·尽心上》中，桃应问道：“舜做天子，皋陶当法官，如果瞽瞍杀了人，该怎么办？”孟子说：“把他抓起来就是了。”“那么舜不去制止吗？”孟子回答说：“舜怎么能去制止呢？皋陶抓人是有法律依据的。”“那么舜该怎么办？”孟子回答说：“舜视抛弃天子如同丢弃破鞋。他会偷偷地背上父亲逃跑，沿着海边住下来，一生都高高兴兴的，快乐得忘掉了天

下。”这就是说舜做了君王，不能阻止法官按照法律办事，但作为儿子，宁愿放弃天下也要背负父亲到海边居住下来，逃避法律的制裁。私人的孝道成了帮助父亲逃避法律制裁的理由。

在《孟子·万章上》中，万章问道：“象每天把杀掉舜当作一件大事，舜做了天子后却只是流放他，为什么?”孟子回答说：“舜封象为诸侯，有人却说是流放。”万章问：“象是极为不仁的，却封为有庳国的侯。有庳国的人难道有罪吗？仁人就是这样做事的吗？对别人，就讨伐他；对弟弟，就封赏他?”孟子回答说：“本身是天子，弟弟是平民，这可以说是亲近和爱护吗?”同样的行为，在别人就要受到讨伐，在弟弟反而受到封赏，法律因私人关系而失去普遍有效性。

显而易见，在差序格局中，由于存在无数的私人关系，每一个私人关系都对应着一种道德观念。所以，在传统的道德里找不出一个具有普遍性的道德观念，找不到可以施行于一切人的道德准则，所有的道德标准都超不出差序的人伦而存在。

在团体格局中，同一团体中人的关系是相同的、平等的。这种观念当然遭到孟子的反对，他反对的理由是，事物不相同是事物的常态，把所有事物都等同起来，天下就会大乱。墨家主张“兼爱”，即爱无差等，违背了儒家所主张的人伦差序，也受到孟子的抨击。他说：“墨子兼爱，是无父也。”儒家主张爱有差等，爱亲人肯定超过爱别人；墨家主张无差别的爱，爱别人如同爱亲人，在儒家的人伦里，这种观点无疑是“无父”的表现。

家族：乡土社会的基石

不同社会结构中的社群

费孝通在《差序格局》和《系维着私人的道德》中提出了差序格局和团体格局两种不同的社会结构，并分析了由这两种不同的社会结构所引起的不同的道德观念。他认为，西方社会是团体格局的，其特点是界限分明，更讲求个人权利的平等；中国传统社会是差序格局的，其特点是具有伸缩能力，更重视人伦的差等次序。

这样的概念划分在学术圈引起了一些争议，比如中国乡土社会是否真的没有团体。在《家族》这篇文章中，费孝通针对这些概念中容易引起误会的地方进行了解释。在费孝通笔下，“团体”这个词是特指在团体格局中所形成的社群，与此相对应的，差序格局中所形成的社群，则称为“社会圈子”。无论是团体还是社会圈子，都是有组织的人群，因而都属于普通意义上所谓的“社群”。

费孝通强调，差序格局和团体格局是社会结构的基本形式，在概念上需要清楚地加以区分，在事实上却是可以并存的。费孝通对中西方社会结构的分析，是从突出的、主要的一面来说：

> 在中国乡土社会中，差序格局和社会圈子的组织是比较的重要。同样的，在西洋现代社会中差序格局也是同样存在的，但比较上不重要罢了。

因此，阅读《乡土中国》时要清楚，差序格局和团体格局这两个概念都是“观念类型”，费孝通创造它们出来，是为了帮助大家更好地找到中西方社会的不同之处，而并不是说这两种社会格局非此即彼。

乡土社会的基本社群是“小家族”

理解了这套概念，再来看一个社会最基本的社群——家庭，中国的家庭概念和西方有着明显的不同。在《差序格局》一文中，费孝通就以中西方家庭来举例说明团体格局和差序格局的差别。这里，他进一步从结构上来辨析两种不同社会格局当中“家”的区别。

在《江村经济》一书当中，费孝通曾把中国乡土社会的基本社群称为“扩大了的家庭（Expanded family）”，也就是通常说的大家庭。这一称谓是为了区别于西方社会以夫妻和未成年子女所构成的小家庭。

但中国所谓的大家庭是否就是人口上比西方的小家庭更多呢？并非如此。因此，到了《乡土中国》，费孝通就提出，这样的称谓不够妥当，更确切地说“中国乡土社会基本社群为‘小家族’”。他说：

> 我们普通所谓大家庭和小家庭的差别决不是在大小上，不是在这社群所包括的人数上，而是在结构上。一个有十多个孩子的家并不构成“大家庭”的条件，一个只有公婆儿媳四个人的家却不能称之为“小家庭”。

一个家庭，尽管孩子多，从结构上看，仍然是由夫妻和未成年子女所组成；另一个家庭，夫妻哪怕还没有小孩，却是和公婆生活在一起，那后一家的结构显然就要比前一家复杂。所以说，区分家庭的大和小，不是在人数上，而是在结构上。

费孝通认为，西方社会中的家庭，是团体性的社群，因而西方人更强调家庭的边界意识。中国乡土社会中的家庭却不同，它“并没有严格的团体界限，这社群里的分子可以依需要，沿亲属差序向外扩大”，绝大多数中国人对家庭的认同，更多的在于亲属伦常潜移默化的影响。

要注意的是，中国的家扩大的路线是单向度的，只包括父系，嫁进男方家里的媳妇，以及入赘女方家里的女婿，都是外家人，有些大家族能够四世同堂，甚至五世同堂，指的就是父系方面四代、五代之内的所有亲属。

> 这种根据单系亲属原则所组成的社群，在人类学中有个专门名称，叫氏族。我们的家在结构上是一个氏族。

费孝通提出“小家族”这个概念，是依据家族的结构特点，“家族在结构上包括家庭，最小的家族也可以等于家庭”。也正因此，费孝通认为，以家族这一社群结构来区别家庭这一社群结构，才是中西方文化对“家”的理解最根本的所在，“一字的相差，却说明了这社群的结构性质”。

在差序格局中，家族是一个事业组织

我们从小在家庭里长大，但家庭到底是什么，一下子可能也说不清楚。实际上，人类学对家庭是有明确定义的，它指的是亲子所构成的生育社群。其中，亲子即父母和子女，这是家庭的组成结构；生育指的则是这对父母生养他们的孩子，并且负责教育他们的孩子，直到孩子成年后离开家庭，这是家庭的功能。

差序格局的乡土社会中，家是由父、母、子的三角亲属关系推出去的。成年的儿子不离开父母，结了婚的儿子、媳妇、孙子们和父母同住不分家，兄弟、叔伯共同经营家中的农田，为家族生计事业贡献力量，小孩子则在家中学习生活技能、接受教育，一家子人在相同的宗教氛围、文化观念里生活和繁衍。这样的家庭也被称为血缘家庭。

在农村的传统观念里，谈到分家也不会有人理直气壮地觉得这是应该的，因为不到万不得已人们不会选择分家。

根据人类学的说法，“氏族是一个事业组织，再扩大就可以成为一个部落。氏族和部落具有政治、经济、宗教等复杂的功能”。费孝通认为，我们中国的家也正是这样：

> 一方面我们可以说在中国乡土社会中，不论政治、经济、宗教等

功能都可以利用家族来担负；另一方面也可以说，为了要经营这许多事业，家的结构不能限于亲子的小组合，必须加以扩大。

依据事业规模的大小，家的大小也会由此发生变化。乡土社会，人口众多的大家族就有声威，相反，单门独户的人家则要受人冷眼、被人可怜。“但不论大小上差别到什么程度，结构原则上却是一贯的、单系的差序格局。”

不仅如此，为了经营好这些事业，家又必须是长期绵续性的：子女成年了，家不会分裂；父母逝世了，家也不会结束。这样的家就等同于人类学里的氏族概念。

而西方社会中，夫妻才是家庭的主轴，他们共同养育子女，子女在这个团体里是配角。这样的家庭也被称为配偶家庭，它是临时性的，“在开始时就得准备结束”，“抚育孩子的目的就在结束抚育”。同时，当子女成年后将离开家庭，“在他们，政治、经济、宗教等功能由其他团体来担负，不在家庭的分内”。

以家族事业为重，容不下感情

由于中西方的家庭在结构和功能上都有所差异，这两种家庭中成员间的感情模式也就不尽相同了。

以夫妻为主轴的西洋家庭，靠夫妻的情感吸引而组建起来，“两性之间的感情是凝合的力量”。但乡土社会里家的“主轴是在父子之间，在婆媳之间，是纵的，不是横的。夫妇成了配轴”，无论是父子关系或是婆媳关系，更多的是家庭事业上的牵绊，而非情感上的亲密。

因为要共同经营一件非常重要且基本的社会事业，就不得不把效率优先的原则摆到更为重要的位置上去考虑。费孝通给出的理由是：

我所谓普通的感情是和纪律相对照的。一切事业都不能脱离效率的考虑。求效率就得讲纪律；纪律排斥私情的宽容。

为了追求家族事业的成就，每个人都必须讲纪律，由此带来的后果就是，家人之间的感情淡化了。

从前中国的很多家庭有家法，如果违反了，会由家中有威望的长者在家族祠堂当众家法处置，这就是家庭讲求纪律而排斥感情的典型事例。另外，传统伦理对家中不同身份的人有不同行为规范的约束，妻子要“三从四德”，子女要顺服父母，父亲则担负教育子女的责任，大家各司其职。儒家谈论夫妻的关系，只说夫妇有别，不谈夫妇有爱，这也是事业社群的特色。

旧时候男女谈婚论嫁，往往由父母包办，父母为子女考虑的主要是对方家族的生活水平和社会地位是否能为自己的家族带来更多事业上的利益，从而使这个家能更好地运转下去，两个人之间的感情基础并不被列入权衡范围。所以，夫妻之间的感情淡漠是十分常见且很难避免的。

今天，我们还是可以看到有些上一辈的人，在一起生活了大半辈子，却谈不上有感情，他们的日常生活和乡土社会中的夫妻并没有本质区别，男人更多关心事业，女人更多照顾家庭，各人忙各人的，也没有什么共同话题，不讲感情也不是感情破裂，而是没有爱也没有恨，他们在爱恨之外和睦相处，共同负担家庭的事业。

费孝通认为，这就是把生育之外的功能拉入家庭这一社群之后所引起的结果。这使得乡土社会中的家，在感情和生活上总不能兼而得之，两性之间习惯性地矜持和保留，进而在男女之间划下了一道人为的文化的鸿沟。

男女有别：乡土社会的平衡原则

感情和感情定向

在《家族》中费孝通提出，中国的乡土社会，家族作为事业社群，为了长期稳定发展，需要排斥私情。也就是说，在一个家中生活的男女，考虑的更多的是有没有把各方面的事情做好，而非彼此间是否有热烈的情感交流。这在传统家庭和家族里，是非常普遍的。

那么，乡土社会为什么会产生这种现象呢？费孝通将在《男女有别》这篇文章中加以讨论。在费孝通看来，这需要从中国传统的“感情定向”来进行分析。何谓感情定向？这又是费孝通为《乡土中国》新造的一个词，他解释说：

> 我用感情定向一词来指一个人发展他感情的方向，而这方向却受着文化的规定，所以在分析一个文化范型时，我们应当注意这文化所规定个人感情可以发展的方向。

我们每个人每天都会对不同的人和事产生不一样的感情。心理学认为，感情会通过人身体的一系列生理变化表现出来，靠分析生理的变化就可以说明感情的本质和种类；社会学则认为，感情尽管表现为喜怒哀乐等生理现象，但由于它们的发生都是在人和人的关系之中，势必会在各种社会现象里体现出意义来。

可见，感情不单纯是个人问题，还是社会问题。一个人的感情可以向什么地方发展，并不是随心所欲的，“我的感情我做主”只是理想状态，现实生活中我们都不可避免受到社会文化的影响和约束。

从这个角度看，感情是具备了社会性的生理活动。不同的文化类型造就了不同的感情定向。乡土社会的家庭排斥男女私情，背后有着社会文化的深层次原因。

稳定的社会关系依靠感情的淡漠

在此，费孝通引用了美国社会学家威廉·詹姆斯的观点：

> 感情是内脏的变化。这变化形成了动作的趋势，本身是一种紧张状态，发动行为的力量。

按照威廉·詹姆斯的说法，感情从体内的行为到外表的行为，是一个力量形成、积聚、爆发的过程。当人的内心产生某种感情，体内就会发生一种具有力量的紧张状态，这种紧张状态使人表现出激动的行为。如果反复给人同一种刺激，久而久之，体内相应的紧张状态就会消失，即不带着强烈的感情。因此，可以说“感情常发生在新反应的尝试和旧反应的受阻情形中”。

费孝通对此解释为：

> 这里所谓感情相当于普通所谓激动，动了情，甚至说动了火。用火来形容感情，就在指这动的势和紧张的状态，从社会关系上说感情是具有破坏和创造作用的。

破坏和创造并不是相悖的，我们常说只有打破旧枷锁才能创造新世界正是这个意思。用火来形容感情，十分恰当地强调了它的破坏性和创造性，也就是感情的力量会改变原有的状态。

乡土社会是一个人们生于斯、长于斯、死于斯的社会，空间上不易流动，时间上趋于静止，因而长期表现为一种超稳定结构。它不需要变，也排斥变，所以要尽量避免感情的发生，靠纪律来维持固定的社会关系。

费孝通的结论是："感情的淡漠是稳定的社会关系的一种表示。"他进一步提出："稳定社会关系的力量，不是感情，而是了解。"所谓了解，就是人们因为熟悉而产生的亲密感觉，彼此的交流可以是无言的，少有激情，是理性的相处、持续的融洽。相反，当人们因为激动而产生感情，这种感情就是奔放的、热烈的，容易挣脱理性的控制，成为破坏社会关系的力量。

两套精神：亚普罗式和浮士德式

费孝通接着又分析了德国哲学家斯宾格勒在《西方陆沉论》（也译为《西方的没落》）一书中写到的两种文化模式：一种是亚普罗式的（Apollonian）；另一种是浮士德式的（Faustian）。

亚普罗（Apollo）今天通常译作阿波罗，是古希腊神话里的太阳神。亚普罗式的文化观渗透着西方古典的精神，认为宇宙的安排是一个完善的秩序，人在其中只是被动地接受它，并且安于它，维持它。

浮士德是作家歌德笔下的一个文学形象，他是感情的象征。浮士德式的文化观更强调冲突、变化和意志力，认为生命的意义就体现在克服阻碍、发现阻碍，以及不断创造的过程中。

费孝通认为，中国乡土社会是亚普罗式的，西方现代社会则是浮士德式的。它们之间既是一种中西之别，又是一种古今之别，这表现在两种社会最基本的生活里。

乡土社会是熟人社会，人的相互行为都发生在"亲密和长期的共同生活"当中。费孝通观察到：

> 社会的联系是长成的，是熟习的，到某种程度使人感觉到是自动的。只有生于斯、死于斯的人群里才能培养出这种亲密的群体，其中各个人有着高度的了解。好恶相投，连臭味都一般。

但他又强调，要达到这种生活状态，需要满足一个条件，即"没有什么差别在阻碍着各人间的充分了解"。那么，中国的乡土社会真的符合这个条件吗？

从空间角度看，人们长期生活在同一片土地上，彼此之间高度熟悉，很少会有隔膜感；从时间角度看，每一代人的生活都很相似，就像用同一个公式推导出来的，年轻人完全可以凭借年长的人的经验而生活，代际的隔膜也可以忽略不计。

按照上述推论，乡土社会里的人们就可以完全实现充分了解了，但事实并非如此。在费孝通看来，人们尽管彼此熟知，却仍然不能说是充分了解。这是因为在乡土社会，阻碍共同生活的人充分了解的差别并不是时间和空间，而是个人的生理差异。他又说：

> 这差别倒并不是起于有着悬殊的遗传特质，这在世代互婚的小社区里并不会太显著。永远划分着人们生理差别的是男女两性。

的确，世界上即便是双胞胎，也没有完全相同的两个人，每个人在生理上天然都和他人有所差别，可说到底，人与人之间存在的最大差异，是男女性别上的不同。一个人不能亲身体会两性的差别，所以男人对女人的认识，女人对男人的认识，都只能靠猜想，是间接的。这种对异性的隔膜，不能被克服。

基于此，费孝通指出，按照乡土社会的绝对理想，“完全的道义必须有充分的了解”，那么实际生活中，所谓充分的了解就不可能是来自男女之间。

现在问题又来了：世上的人之所以有男女两性的分别，是为了生育，可生育却又必须要让“生理上早已划下了鸿沟”的男女结合，这种“基于异，并非基于同”的结合，就是人们去求充分了解的前提条件。

我们已经知道，在亚普罗式的乡土社会，充分了解不能求之于男女之间，于是，费孝通在这里又引入了浮士德式的精神。他认为，两性“在相异的基础上去求充分了解，是困难的，是阻碍重重的，是需要不断地在创造中求统一”，而这恰恰是浮士德式的企图。

值得注意的是，尽管浮士德式的精神“把感情的激动，不断的变，作为生命的主脉”，但“最后的统一是永远不会完成的，这不过是一个求同的过程”。也就是说，在一个浮士德式的社会中，突破男女界限被看作目标，可以不断去接近，却不可能完全实现。

这在浮士德式的两性恋爱当中表现得最为明显。

> 恋爱是一项探险，是对未知的摸索。这和友谊不同，友谊是可以停止在某种程度上的了解，恋爱却是不停止的，是追求。

费孝通对于恋爱的思考，到今天读来也还是令人颇受启发。他认为恋爱的企图“不以实用为目的”，而是一项对生命意义的创造。男女恋爱也不是经济生产，不是经营事业，和家庭及家族作为事业社群的性质是不同的。

> 恋爱的持续依赖于推陈出新，不断地克服阻碍，也是不断地发现阻碍，要得到的是这一个过程，而不是这过程的结果。从结果说可以是毫无成就的。非但毫无成就，而且使社会关系不能稳定，使依赖于社会关系的事业不能顺利经营。

这意味着，很有可能两个人到最后仍然不能在一起，但恋爱的意义、生命的意义，已经全部包含在男女双方一起尝试克服阻碍的过程中了。当然，对于全社会而言，这同时也意味着，“男女间感情激动的发达已使生育的事业摇摇欲坠”，浮士德式精神的破坏性即体现在这里。今天我们对于自由恋爱这件事已感到习以为常，但大家要清楚，自由恋爱中确实也包含着很大的结果的不确定性，它不是男女两性进入生育关系的手段，甚至还在破坏这个社会的基本事业——婚姻。

男女有别的原则：不必求同

分析完浮士德式的精神后，我们发现西方社会中的男女是在追求感情的探险中，试图克服性别的阻碍，创造新的价值和意义。但在亚普罗式的乡土社会中，这种精神是不容存在的。这会使得长期稳定的社会关系遭到破坏。

所以，费孝通提出，乡土社会“男女间的关系必须有一种安排，使他们之间不发生激动性的感情。那就是男女有别的原则”。

男女有别的原则具体指什么呢？费孝通说：

> “男女有别”是认定男女间不必求同，在生活上加以隔离。这隔离非但是有形的，所谓男女授受不亲，而且还是在心理上的，男女只在行为上按着一定的规则经营分工合作的经济和生育的事业，他们不向对方希望心理上的契洽。

男女之间没有感情，但是却能够生活在一起，因为社会文化给出了一套男女分工的规则，男人和女人只要按照这套规则，去平衡合作经营经济和生育事业，家庭和家族就能维持下去。男耕女织、男主外女主内，夫妻要相敬如宾，妻子要顺从丈夫等，都是这套平衡原则所规定的内容，相信这些刻板印象到了今天也并不令人感到陌生。

在这套男女有别的原则之下，乡土社会在结构上就发生了同性间的组合。在家族中，这表现为同性为主、异性为辅的单系（主要是父系）组合，男女两性因生育而结合的家庭被弱化了，夫妻之间不谈爱情，讲的是亲情；在社会上，这表现为同性之间的亲密友谊，既然男女之间的感情被排斥，那么人们感情的宣泄就只能诉诸同性。这也就形成了费孝通在文章开头就提到的中国传统的感情定向。

文章最后，费孝通将这一话题进行了延展，他认为，中国乡土社会男女有别的原则，实际上体现了文化上的实用主义精神，人们在生活中只关注家族事业的效率，“祭神如神在”，“对于切身生活之外都漠然没有兴趣”。另一方面，人们并不在乎如何努力去实现一个理想的社会，而是要改变自己去适应现实社会，克己复礼，回到既定的秩序当中，即回到亚普罗式的社会。

总而言之，在乡土社会里，社会秩序和规范约束着人们的个性，任何足以动摇和破坏社会秩序和规范的感情都会遭到遏制。男女之间的鸿沟从此无法跨越。因此，乡土社会是一个男女有别的社会，也是一个安稳的社会。

乡土社会是礼治的社会

“法治”“人治”与“礼治”

在日常生活中，我们经常讲到“法治”和“人治”这两个概念，并且把这两个概念视为相反的概念。按照费孝通的分析，如果从字面去理解这两个概念，它们的意思是不准确的。

从字面看，“法治”就是指法律统治，而不涉及人的因素。这样理解“法治”概念，它的意思是不准确的。费孝通说：

> 法治的意思并不是说法律本身能统治，能维持社会秩序，而是说社会上人和人的关系是根据法律来维持的。法律还得靠权力来支持，还得靠人来执行。

法律作为正式的社会规范，是带有强制性的。它以国家权力为支撑，依靠法官根据法律做出判决。从这里可以看出，“法治”不能没有人的参与，不能缺乏人的因素。“法治”是“人依法而治”。

如果“人治”是与“法治”相反的概念，那就是指“不依法律的统治”。

从字面上看，“人治”好像是指“有权力的人任凭一己之好恶来规定社会上人和人的关系”。费孝通认为，这种“人治”社会根本无法存在，因为统治者的好恶变化无常，无法预测，人们不知道怎样行动。无社会规则可以遵循，社会就会失去秩序，陷入混乱之中，自然也谈不上治理了。因而，说中国传统社会是“人治”社会，就是不恰当的说法。

如果“人治”是从不依法律、只依个人好恶进行统治来理解，费孝通所言甚是。但是，我们在历史上发现“人治”现象的存在，“人治”的本质就是要摆脱法律的约束，甚至无视法律的存在。尽管“人治”不可能按照个人的好恶来统治，但它可以追逐个人的利益、权力和地位。

在传统中国，不依法律而统治，除了“人治”之外，还存在哪一种情况？这就要回到对乡土社会的具体分析。

现代社会是一个流动的社会、陌生人的社会，人们的交往、合作需要靠法律来保证。而乡土社会是一个稳定安居的社会、熟人的社会，人们之间的交往、合作并不是依靠法律来维持，但这并不意味着乡土社会没有法律治理就会变得“无法无天”，失去秩序。乡土社会由于存在差序格局这种社会结构，它的社会秩序主要依靠礼来维持。

因此，费孝通说：乡土社会“是个‘无法’的社会，假如我们把法律限于以国家权力所维持的规则；但是‘无法’并不影响这社会的秩序，因为乡土社会是‘礼治’的社会”。

由此看来，与“法治”相对应的不仅有“人治”，还有“礼治”，后两者的共同点都是不依法律而统治。

乡土社会的礼治秩序

礼治是乡土社会重要的治理模式。礼治社会是不是就是一个温暖和睦、文质彬彬的社会呢？

> 礼并不带有“文明”，或是“慈善”，或是“见了人点个头”、不穷凶极恶的意思。礼也可以杀人，可以很“野蛮”。

中国的旧礼教，如要求妇女“三从四德”、裹小脚，从现代社会的标准来看，就不符合人格独立与人道的观念，就显得很野蛮。“残酷与否并非合礼与否的问题”，礼只问行为的对错，而不涉及行为的好坏，所以，有些礼在后人看来就显得不道德，可以用礼来杀人。

> 礼是社会公认合式的行为规范。合于礼的就是说这些行为是做得

对的，对是合式的意思。如果单从行为规范一点说，本和法律无异，法律也是一种行为规范。

那么，礼和法有什么不同呢？区别在于维持行为规范的力量，法律是依靠国家权力来推行，礼是依靠传统来维护。

传统是社会所累积起来的经验，也是人们应对生活所累积起来的方法。这是因为行为规范的目的是在配合人的行为，以便满足人们的生活需要。

上一代人所试验的行之有效的经验，可以教给下一代。这样一代一代的积累，逐渐形成了一套帮助人们生活的方法。这些经验、方法，也即行为规范，获得了传承，成了传统。

对个体来说，在他出生之前，这套行为规范、社会传统就已经存在了，年轻的一代只要“学而时习之”，就可以接受这套行为规范，由此规范自己的行为，使自己融入社会生活之中，享受满足生活需要的快乐，同时保持既定的社会秩序。

传统的合法性就在于它可以提供经验和方法，让人们去应对环境，满足生活的需要。

文化也是人的经验的沉淀和结晶，因而文化也是传统。没有哪个社会没有传统，即便是现代社会也不能完全离开旧传统，脱离传统文化，并且新的环境也会产生新传统。相对于现代社会，旧传统在乡土社会里显得更重要、更有力量。

由于乡土社会是安土重迁的社会，人们生于斯、长于斯、死于斯，代代生活在相同的环境里，人们不但可以相信自己的经验，也同样可以相信前辈的经验，经验是他们最好的生活指南，传统是他们应对生活的最为有效的法则。我们在日常生活中，遇到不懂的事，就会向父母或其他年纪大一点的人讨教，就是因为他们比较有经验，可以应对日常的生活问题。

礼治秩序就是这种遵照传统的行为模式而形成的社会秩序。乡土社会的秩序主要依靠礼来维护。

法律、道德与礼

法律、道德和礼都可以用来规范人的行为，它们有什么不同呢？

这主要表现在它们力量来源的差异上。

法律是从外部来规范人的行为，它依靠国家权力来维持，对违法人员进行法律惩罚。也就是说，法律的力量是外在于人的，是一种外在的强制性，与人们的认可无关，只要违法了，就要受到法律的制裁。也正因为法律是一种外在力量，人们如果逃脱了法律的制裁，还会感到高兴、得意。

道德是依靠心中的道德观念来约束人的行为，它依靠社会舆论来维持，我们通常会对违背道德的人进行舆论谴责。人们做了不道德的事，不仅要受到别人舆论的谴责，而且自己的内心也会感到羞耻，见不得人。规范道德行为的力量不仅来自社会舆论，也来自个人内心的道德良知。但是，有时候人们在利益面前，会突破道德底线，做出不道德的行为。

那么，礼又是如何的呢？

> 礼并不是靠一个外在的权力来推行的，而是从教化中养成了个人的敬畏之感，使人服膺；人服礼是主动的。

礼是通过教化而内化为人的信念，并且使人对这个信念怀有敬畏之感，让人相信人不按照这个信念做就会有不幸，从而去支配人的行为，真正做到非礼勿视，非礼勿听，非礼勿言，非礼勿动；非礼的行为不但不能为，而且连想也不敢想。正因为如此，

> 礼则有甚于道德：如果失礼，不但不好，而且不对、不合、不成。这是个人习惯所维持的。十目所视，十手所指的，即使在没有人的地方也会不能自已。……礼是合式的路子，是经教化过程而成为主动性的服膺于传统的习惯。

礼比道德更进一步，它依靠个人习惯的力量来维持。一个人违背礼，不但

内心感觉不好，不合适，而且即使在无人的地方也会感到心里不安。礼经长期教化变为个人的内在习惯，习惯成自然，就会主动而不受到任何强迫地去服从传统的规则。礼显然比道德具有更大的内在力量，它使每个人主动地守规矩，而不必有外在的监督。

从礼治到法治

礼治为什么能一直在乡土社会发挥作用呢？那是因为乡土社会人员流动少，社会变迁缓慢，人们世世代代都生活在相似的环境里，依靠以往累积起来的经验、传统和文化，足以应对日常的生活。“礼治的可能必须以传统可以有效地应付生活问题为前提”，“礼治社会是并不能在变迁很快的时代中出现的，这是乡土社会的特色”。

可是，在一个快速变迁的社会，过去行之有效的老方法，再也无法应对新环境中出现的新问题。一旦环境发生了变化，“所应付的问题如果要由团体合作的时候，就得大家接受个同意的办法，要保证大家在规定的办法下合作应付共同问题，就得有个力量来控制各个人了”。这个力量就是由团体中每个人的共同意志所形成的法律。在团体格局中，人们是依靠法律来规范自己的行为，保障自己的利益，履行自己的权利和义务的。这也就是所谓的“法治”。

现代社会是一个工业化和城市化的社会，再加上现代交通和通信的便利，使人们更加容易移动起来，离开了原来熟悉的环境，进入一个流动的陌生的社会。传统的生活方式已经不适应新时代的要求，新时代需要新秩序。

从乡土社会到现代社会，从差序格局到团体格局，也就是从礼治到法治。礼治和法治是发生在两种不同的社会情形之中的。

无讼：乡土社会的法律理想

无讼是儒家的社会理想

在中国传统社会里，讼师是一个没有名誉的行业，被认为是社会稳定的破坏者；兴讼是没有教化的表现，是道德败坏的标志。这也是费孝通所说的，“在乡土社会里，一说起‘讼师’，大家就会联想到‘挑拨是非’之类的恶行。做刀笔吏的在这种社会里是没有地位的”。

无讼是儒家所追求的社会理想，孔子就说：“听讼，吾犹人也，必也使无讼乎。”儒家重礼轻法，主张“礼之用，和为贵”，设想运用礼治来营造一个没有纷争的和谐社会。这种观念深刻地影响着中国传统文化，无讼成为统治者追求的目标。无讼的世界是一个礼行天下的世界，是一个风清月朗的太平世界。

被孔子奉为圣人的尧、舜、周文王所治理的世界就是一个无讼的世界。舜本人就是一个息讼止争的高手，《史记·五帝本纪》记载，在舜生活的时代，“历山之农者侵畔”“河滨之渔者争坻”，为此，舜亲自到历山耕田，到黄河之滨打鱼，以自己的行为，使“历山之人皆让畔”“雷泽上人皆让居”。《史记·周本纪》称赞周文王所治理的周国，笃仁、敬老、慈少、礼下贤者，风气所及之处，“耕者皆让畔，民俗皆让长”，“民和睦，颂声兴”。

儒家在正面赞颂无讼的美好理想的同时，也从反面谴责为讼之害。《周易·讼卦》说：“讼，终凶。”“讼不可妄兴。”“讼不可长。”后人也说，词讼之兴，初非美事；与宗族讼则伤宗族之恩，与乡党讼则损乡党之谊。总之，讼是不好的，不吉利的，在中国传统社会形成了以讼为耻的社会环境。这就必然带来中国传统社会畏讼、厌讼、贱讼，以至于讼师一类的职业，在古代中国没有生存的土壤，为国人所鄙视。

无讼成了中国传统社会的法律理想。在费孝通写作这本书的时候，在基层的乡土社会里，这种观念还很盛行，甚至时至今日，在一些乡村社会还会认为打官司是一件丢人、可耻的事情，诉讼是道德败坏的表现。因此，人们一旦发生纠纷，不是主张利用诉讼来解决，而是主张利用传统道德来处理。久而久之，整个社会产生了对诉讼的冷漠，不利于法律的进步。

法 与 礼

按照费孝通的说法，在都市社会里，一个人不懂法，请教别人，并不觉得可耻。都市生活，庞大而复杂，涉及众多领域和行业，人们不可能完全知晓与之相关的法律规定。法律成了专门的知识，律师成了社会中不可或缺的职业。人们生活、做事，为了保障权利、化解风险、提高效率，咨询律师相关法律是正常之事。这是现代社会的一个突出特点。

但是，在乡土社会里做人，“如果不知道‘礼’，就成了撒野，没有规矩，简直是个道德问题，不是个好人”。在乡土社会，人们生活的各个方面，人与人之间的关系，都有一定的规则。行为者从小受到教化，对这些规则很熟悉。“长期的教育已把外在的规则化成了内在的习惯。维持礼俗的力量不在身外的权力，而是在身内的良心。”乡土社会遵循礼治，礼治就是内心对传统的服从。

在这里，费孝通把法与礼对举，认为法是现代社会（都市社会）的秩序，礼是传统社会（乡土社会）的秩序。这种方法也就是他所说的“观念类型”分析法，这可以抓到一个社会的普遍特征，但与历史情况会有所偏差。

中国传统社会并不是一个完全礼治的社会。“礼不下庶民，刑不上大夫”，表明法律在现实生活中还发挥着作用。只不过中国传统社会的法律大多不能脱离于礼之外，法出于礼，法合乎礼，是国家立法必须遵守的原则。“君为臣纲，父为子纲，夫为妻纲”既是传统社会的根本大礼，也是立法的准则。根据尊尊、亲亲的礼制原则，法律允许为尊者、亲者讳。父亲犯法，儿子不告发，于法不容，于礼不悖。凡此种种，皆是以礼为主，以法为辅。

礼高于法，宁可不依法，也不可不循礼。礼法是中国传统法律最主要的特征。

在现代社会中，法律不再以礼为原则，而是讲究保护个人权利；不再是礼法，而是权利法：

> 现代都市社会中讲个人权利，权利是不能侵犯的。国家保护这些权利，所以定下了许多法律。一个法官并不考虑道德问题、伦理观念，他并不在教化人。刑罚的用意已经不复“以儆效尤”，而是在保护个人的权利和社会的安全。尤其在民法范围里，他并不是在分辨是非，而是在厘定权利。

现代社会是一个变动的社会，“一个变动中的社会，所有的规则是不能不变动的。环境改变了，相互权利不能不跟着改变”。权利变了，法律不得不跟着变化。现代社会已不再把法律看成是一成不变的规则，法律会随着环境和时间的改变而发生改变，并且伴随着新的问题，出现新的法律。现代社会是一个法治的社会，人们的日常生活离不开法律。上路要遵守交通法规，办教育要遵照与教育有关的法律规定，生产食品有《中华人民共和国食品安全法》管着，凡此种种，都不能脱离法律去行动。

这与相对静止的乡土社会是不一样的，乡土社会因其变化缓慢，礼的内容也是相对不变的。我们可以看到，婚丧嫁娶等一些老礼还在一些乡村社会沿用。

调解息讼

在古代，无讼是中国社会的理想目标，调处息讼则是实现无讼的重要手段之一。调处有官方调处和民间调处之分。

主持官方调处的是地方官员，在民事纠纷和轻微的刑事案件中，在公堂审讯之前，一般会在当事人之间先行调处，争取息讼；如果调处不成，再对簿公堂，判明是非曲直。

主持民间调处的一般是有名望的亲戚、邻里、族长或乡绅，他们的声誉使争讼双方相信他们会以理调处，公平裁断。民间调处是中国古代社会一种较为普遍的处理民事纠纷的方式，免除了烦琐的诉讼程序和不菲的诉讼费用，简单易行，更易使争讼双方接受。

解决民间冲突和纠纷的方式，古代叫“调处”，现代称“调解”。费孝通说：“调解是个新名词，旧名词是评理。”我们现在在日常生活中，也会经常看到或听到有人与别人发生纠纷，双方当事人解决不了，就给居委会或派出所打电话，让他们来解决，或者找一个两人都信得过的熟人或权威人士来评理，决定谁是谁非。调解息讼确实是中国社会的一大特色。

有一个电影，叫《秋菊打官司》。说的是，在中国西北的一个小山村，秋菊的丈夫为了自家的承包地，与村长发生了争执，被村长踢中了要害，无法干农活。此时，秋菊已怀有身孕。丈夫被踢伤，她便去找村长说理。村长不肯认错，她又去乡政府找说理的地方。经过乡政府李公安的调解，村长答应赔偿秋菊家的经济损失。但当秋菊来拿钱时，村长却把钱扔在地上拒不道歉，受辱的秋菊没有捡钱，又踏上了漫长的说理路途，先到县里，后到市里，但都没有成功找到说理的地方，最后向人民法院提起诉讼。除夕之夜，秋菊难产，村长和村民连夜冒着风雪送秋菊上医院，使她顺利产下一名男婴。秋菊一家对村长和村民非常感激，也不再提官司的事了。但正当秋菊家庆贺孩子满月时，市法院发来判决，村长因伤害罪被拘留。

这是一个先行官方调解，息讼不成，最后走向诉讼的故事。这也是一个显示情与理冲突的故事。村长不计前嫌，救了秋菊母子的命，秋菊一家对村长有感恩之情，但村长严重踢伤她丈夫，于法不容，还是被司法机关拘留。在现代社会里，法是法，情是情。有时候，站在法的立场上，情并不能免除法的惩罚，尽管从私人情感来说，这不是它要的结果。

送法下乡可行吗

中国社会从乡土社会到现代社会的转型，是一个缓慢的过程。当时，费孝通已经观察到乡土社会正在蜕变之中，他说：

> 中国正处在从乡土社会蜕变的过程中，原有对诉讼的观念还是很

> 坚固地存留在广大的民间，也因之使现代的司法不能彻底推行。

而现代的司法不能彻底推行的原因在于：首先，现行法律的原则是从西方搬过来的，和旧有的伦理观念相差很大。在中国传统的差序格局中，每个人因人伦的差序，不平等地对待他人，对父要孝，对子要慈，对朋友要忠，等等，不存在对一切人有效的统一规则。而现行法律强调在法律面前人人平等，这与人们原有的观念存在冲突，使普通老百姓不明所以。

其次，普通老百姓不懂司法程序，不会利用司法程序，因此害怕打官司。更重要的是，有一些按照乡土伦理被认为是“败类”的人，他们不服从乡间的调解，告到司法机构，反而得到法律的保护。

> 依着现行法去判决（且把贪污那一套除外），时常可以和地方传统不合。乡间认为坏的行为却正可以是合法的行为，于是司法处在乡下人的眼光中成了一个包庇作恶的机构了。

费孝通举了一个例子来说明这种礼与法的冲突。有个人的妻子偷汉子，他把奸夫打伤了。这在乡村礼俗看来，奸夫该打，但在现行法律看来，通奸没罪，打伤人却有罪。乡间的“败类”就会利用这种法律“知识”为非作歹，而法律还要保护他。

因此，费孝通认为，现行的法律下乡产生了副作用，它破坏了原有的礼治秩序，但也没能建立起法治秩序。在他看来单纯的法律下乡是建立不起法治秩序的，重要的是让民众懂得怎样去利用法律。更为重要的是，还得先改变人的思想观念和社会结构。

无为：乡土社会的政治现实

两种不同性质的权力

在《无为政治》这篇文章里，费孝通首先从概念上区分了两种不同性质的权力。

一种是横暴权力。这是从社会冲突理论的角度去分析权力，“权力表现在社会不同团体或阶层间主从的形态里。在上的是握有权力的，他们利用权力去支配在下的，发号施令，以他们的意志去驱使被支配者的行动”。横暴权力的特点是上下有别，具有压迫性质。

在一个社会里，存在着不同的团体或阶层，依照社会冲突理论的解释，上层统治者集团或阶层掌握着权力，他们利用国家机器去统治、压迫下层民众，以便获得自己的利益。就这样，两个集团或阶层处于冲突之中。

从这个角度看，政府也好，国家也好，只是统治者的工具而已。它们只存在于阶级冲突、阶级斗争的过程之中。一旦阶级冲突或斗争不存在了，社会上不分阶级了，政府和国家也就不必存在了，消亡了，社会进入一个无政府的自治状态。

另一种是同意权力。这是从社会合作理论的角度去分析权力。社会合作的前提是社会有分工，每个人做自己擅长的事，这样效率高，收益大，所以分工对每个人都有利。农民干农活，工人干工厂里的活，商人经商，等等，各有分工，驾轻就熟。但是，分工产生的一个结果是，每个人都不能自给自足，他们的很多需求要靠别人来提供。农民用的器械、工具或化肥等生产资料要由工人来生产，商人来供应，工人和商人的生活用品要由农民来生产。因此，在不同集团和阶层之间就出现合作互助的必要。

为了合作互助能顺利进行下去，人们就要建立契约关系，明确各自的义务和权利，并且让渡一部分权力，共同授权，产生一种公共权力来监督人们对权利和义务的履行。这种共同授权的公共权力，就是同意权力。

既然这个公共权力是大家所同意的，我们服从它，就是服从我们自己，不存在压迫性质。这就像我们玩游戏，大家先共同商量一个游戏规则，然后把这个游戏规则的执行权授权给裁判，由他来判决谁对谁错、谁输谁赢。如果他不能公平做出裁决，我们可以更换掉他。

如果从这个角度去看政府和国家，那么，它们就不是一个集团或阶层压迫另一个集团或阶层的工具，而是不同集团或阶层利益分配的协调者、仲裁者和管理者。如果政府或国家违背了授权者的利益，授权者有权更换掉它们。这就像游戏中裁判所扮演的角色。

这里要注意的是，这两种不同性质的权力在概念上是区别开来的，但在实际生活里，由于社会的复杂性，冲突里有合作，合作里有冲突，这两种权力总是交织在一起的。“有的社区偏重在这方面，有的社区偏重在那方面。而且更可以在一社区中，某些人间发生那一种权力关系，某些人间发生另一种权力关系。”

权力的本质在于经济利益

有些人认为，人具有权力欲望，权力本身具有诱惑力。在费孝通看来，这些看法是不准确的。除非有人心理变态，老想支配别人，心里才会充满权力欲望，或者想从权力那里得到好处，权力才具有诱惑性。

如果人们手上握有权力而不能得到利益，或者利益可以不必从权力处获得，那么，权力的诱惑力就会大为褪色。在现代社会里，人们经商、从事科学技术研究、从事教育事业等，都可以得到自己的利益，而不是只有从政这么一条路，因此从政的诱惑力也就大为下降。

费孝通认为，权力具有工具性，“权力之所以引诱人，最主要的应当是经济利益”。经济利益是人们追逐权力的根本原因。在同意权力下，掌握权力的人的目的在于保护公共利益或他人的利益不受侵犯，而不是为了保障自身特殊的利益，所以，社会必须赋予他们以荣誉，或者给付高薪。但是，在横暴权力下，掌握权力的人经常用暴力手段从别人那里掠夺财富，获得经济利益。

这里，就发生了一个问题，在横暴权力下，掌权者的掠夺行为之所以发生，就在于对方有剩余产品可被掠夺，如果对方一无所有，掠夺行为就无从发生。“一个只有生产他生存必需的消费品的人是并没有资格做奴隶的。”因此，在农业社会中，横暴权力的发生是依赖于一定的经济条件的，社会需出现一定的剩余产品。

费孝通根据自己在瑶山的调查，也证实了这一观点。汉人占领了瑶人的土地，但并不征服瑶人做奴隶，一个主要的原因就是瑶人的土地太贫瘠，无太多剩余产品可提供，再者，瑶人不肯降低生活程度，做汉人的佃农。所以，留下他们对自己无益，无利可图，不如赶他们走。把原住民赶走而占据他们的土地自己来耕种，这是农业社会里民族斗争的主要方式。

无为是乡土社会的无奈选择

在农耕社会里，也存在横暴权力的情况，例如农业民族受游牧民族或外族的侵略，皇权的建立，都是横暴权力的体现。“但是农业的帝国是虚弱的，因为皇权并不能滋长壮健，能支配强大的横暴权力的基础不足，农业的剩余跟着人口增加而日减，和平又给人口增加的机会。”也就是说，在农业社会里，由于生产效率的低下、人口的增加，农业的剩余产品减少了，尽管帝国、皇权一开始是借助横暴权力建立起来的，但之后由于经济基础的不足，横暴权力再也无法继续下去。否则，官逼民反，揭竿起义，天下大乱，将危及帝国的安全和皇权的稳定。因此，上层的统治者对下层民众往往采取“无为”的策略，尽量不去干预下层民众的生活。

费孝通认为，横暴权力有着这种经济条件上的限制，于是在天高皇帝远的情况下，把乡土社会人民切身的公事让给了同意权力去活动。

但是，同意权力也有一套经济条件的限制。按照上面说过的，同意权力的前提在于社会合作，而合作的前提在于社会分工。但是，“乡土社会是个小农经济，在经济上每个农家，除了盐铁之外，必要时很可关门自给”。也就是说，乡土社会是一个自给自足的社会，社会分工不发达，因此，发生同意权力的机会微乎其微。

于是，在基层的乡土社会里，同意权力不存在，横暴权力无以为继，“无为”成了上层统治者无可奈何的选择，也成了乡土社会的一种政治现实。所以，费孝通说：

> ……乡土社会里的权力结构，虽则名义上可以说是“专制”“独裁”，但是除了自己不想持续的末代皇帝之外，在人民实际生活上看，是松弛和微弱的，是挂名的，是无为的。

历史的真实是如费孝通所描绘的这样吗？乡土社会真的是一个无为政治的社会吗？我们在历史书里，常常看到对“苛政猛于虎”现象的描绘与批判，这是横暴权力对基层乡土社会的直接的压迫。

杜甫所写的《石壕吏》揭示了地方官吏对基层民众的压榨与欺凌。在古代，尽管乡土社会因时空的关系，天高皇帝远，并未经常受到皇权直接的干预。但是，作为皇权代理者的地方官吏并不是那么无为，苛捐杂税、鱼肉乡里、欺压百姓，是时常发生的事情。《水浒传》中的世界就是一个官逼民反的不太平的世界。费孝通所说的无为政治只是一种理想的状态。

长老统治：乡土社会的教化权力

教化是社会继替的需要

在《无为政治》这篇文章中，费孝通分析了中国乡土社会存在的两种权力类型，即横暴权力和同意权力。

王朝最高统治的皇权在形式上表现为横暴权力，但多数情况下，皇权出于无奈选择无为而治，这一层“政府”的统治并没有过多干预下层民众的切身生活。同时，在传统基层社会，同意权力却因为经济不够发达而推行受阻，难以实现让许多权利相等的公民共同参与的民主政治。

因而就有人认为，“中国虽没有政治民主，却有社会民主”。也有人认为，“中国政治结构可分为两层，不民主的一层压在民主的一层上边”。在费孝通看来，这样的表述还不够准确，他说：

> ……这里还有一种权力，既不是横暴性质，也不是同意性质；既不是发生于社会冲突，也不是发生于社会合作；它是发生于社会继替的过程，是教化性的权力，或是说爸爸式的，英文里是 Paternalism。

也就是说，在乡土社会的权力结构中，除了横暴权力和同意权力之外，还有一种特殊的权力，它具有教化的性质，费孝通称之为“教化权力”。教化权力发生在社会继替的过程中。

这里先要解决“社会继替”这个概念。这是费孝通在《生育制度》一书中提出来的，指的是“社会成员新陈代谢的过程”。人的生命是有限的，从出生到死亡，就像社会机体的老旧细胞，被代谢掉了。但是社会却在一直运转下去，因为有新的一代人出生，接替上一代人，继承他们生活的方式，开始新一轮的生产劳动。

费孝通用了一个非常生动的例子，来诠释教化权力的发生：

> 从个人说这个世界不过是个逆旅，寄寓于此的这一阵子，久暂相差不远。但是这个逆旅却是有着比任何客栈、饭店更复杂和更严格的规律。没有一个新来的人，是在进门之前就明白这一套的。不但如此，到这“逆旅”里来的，又不是由于自己的选择，来了之后又不得任意搬家；只此一家，别无分店。

人活在这个世界上，和暂居旅店没什么两样，尽管选择不了自己的到来，却必须遵守店里的规矩。这的确是每个人都不免感慨的事情。

全世界各地都有自己的文化和规律，既然来了人世间这家“超级旅店”，被安排在了某一个文化区域，就得遵守这地方的“旅客须知”，即社会的种种规则或规范。这些规则或规范往往是人为规定的，和蚂蚁、蜜蜂等群居动物为了生存和种族延续而产生的分工行为不同。

对人类来说，社会的规律无论是社会冲突的结果，还是社会合作的结果，都是“在个人行为的四周所张起的铁壁”，需要刻意去学习才能获得，而学习的过程，正如费孝通所言，“还得不怕困，不惮烦”，这些又不是人的天性，“于是不能不加以一些强制。强制发生了权力”。

新的一代因为接受了教化，得以“在这些众多规律下，从心所欲而不碰着铁壁”。因此，我们可以说，教化的权力出于社会继替的需要。同时，全世界很多地区都存在教化权力，只不过，这种权力在乡土社会中表现得最为明显。

教化权力靠长老执行

那么，教化权力由谁来行使呢？在费孝通看来，这种权力是“爸爸式”的，从字面就可以明白，它的行使者只能是社会上有身份、有权威的老人，就像家里面父亲对子女的管教一般。在乡土社会，一个社群的长老刚好充当了这个权威的角色，他能凭借深厚的资历使人们信服于他，从而掌管这个地方的权力和秩序。

需要注意的是，教化权力的发生，既不同于同意权力，又不同于横暴权力。

从它和同意权力的区别来看，同意是社会成员的共同契约，民主政治中，社会契约的订立需要假定每一个成员都具有个人意志，才能够行使自由选择，这是社会的承认。但“被教化者并没有选择的机会”。这是因为，被教化者需要学习的是一个社会的文化，这些文化是先于他而存在的，教化的过程不需要征求，也不会考虑他们的同意，“我们不承认未成年的人有意志，也就说明了他们并没有进入同意秩序的事实”。

从它和横暴权力的区别来看，横暴权力是一种统治者对被统治者的剥削，但很显然，教化的过程并非剥削性的，教化者不能从被教化者那里获得实质性的经济或政治利益。

> 教化过程是代替社会去陶炼出合于在一定的文化方式中经营群体生活的分子。担负这工作的，一方面可以说是为了社会，一方面可以说是为了被教化者，并不是统治关系。

费孝通将这一过程形容为“损己利人”。他说，父母生养子女到成年，更多是精神上的安慰，如果是出于经济的打算，那“至少是一件打算得不大精到的亏本生意”。我们常说“子不教父之过”，这句话用来形容发生在乡土社会的教化权力再贴切不过。

尽管如此，作为被教化者的孩子，仍然感到受了强迫。对此，费孝通又有一番令人感到共情的论述：

> 我曾说：“孩子碰着的不是一个为他方便而设下的世界，而是一个为成人们方便所布置下的园地。他闯入进来，并没有带着创立新秩序的力量，可是又没有个服从旧秩序的心愿。”

他又说：

从表面上看，“一个孩子在一小时中所受到的干涉，一定会超过成年人一年中所受社会指摘的次数。在最专制的君王手下做老百姓，也不会比一个孩子在最疼他的父母手下过日子更难过”。

之所以会出现诸如此类的现象，是因为教化性的权力虽然在亲子关系里表现得最明显，却并不只存在于亲子关系中。社会上一切文化性的、非政治性的强制都包含其中。

生活中最常听到长辈教导晚辈“老规矩历来如此”，他们其实也不知道这些规矩因何而来，但仍然要遵照传统教给下一代遵照执行。这种“不成问题地加以接受的规范”就是文化。“文化的基础必须是同意的，但文化对于社会的新分子是强制的，是一种教化过程。”因此可以说，教化权力是一种文化上的强迫。

当社会处于缓慢更替的过程中，文化是稳定的，传统得以延续，生活可以照老一辈的方式按部就班，这样的社会“可以说是没有政治的，有的只是教化”。费孝通认为，乡土社会就是靠近这种标准的社会。

中国儒家对于社会最高境界的理想，就是建筑在教化权力之上的。孔子主张“为政以德”，即是靠王者来实行教化，使人民在良好的秩序下生活。中国人相信好的官员是“为民父母”的，是人民的“父母官”，也正是因为相信教化权力能够维持社会有序运转。

教化权力依赖传统文化

既然教化权力不限于亲子关系，那么它又是如何在成人之间得以实行的呢？费孝通说：

教化权力的扩大到成人之间的关系必须得假定个稳定的文化。稳定的文化传统是有效的保证。

以一个大家耳熟能详的句子为例，孔子说："三人行，必有我师焉。"意思是，三个人一起走，其中就肯定有可以教给我怎样去应付问题的人。在传统社会，文化的更迭是极其缓慢的，"文化像是一张生活谱，我们可以按着问题去查照"。此时，每一代人都可以根据比自己年长的人的经验来处理生活中的问题。可如果时代变化的脚步加快了，社会上开始出现各种之前从未遭遇的问题，那么，老人所掌握的传统和经验，就失去了效力，教化也就无从发生了。

所以，在趋于静止的乡土社会，稳定的文化传统使得"每一个年长的人都握有强制年幼的人的教化权力"，教化权力得以在社会继替中代代延续。

中国传统最重视长幼有序，这是中国亲属制度最基本的一条原则。不认识的人初次见面，喜欢问对方的年龄，这在西方社会被认为是不礼貌的、冒犯隐私的。但在中国社会却恰恰是出于礼节，因为通过分辨年龄的长幼，才能够给出恰当的称呼。

兄和弟、姊和妹、伯和叔，这些称谓在英语中都没有明确的分别，但在汉语中却是必须要区分清楚的，儒家讲求"入则孝，出则悌"，后半句就是说一个人在社会上，应该对每一个比自己年长的人都恭敬、顺服，就像在家里对待自己的兄长一样。正因如此，乡土社会中的长老才能够得到全族人的敬重，从而掌握教化权力。

长老在社群的方方面面行使教化权力，令皇权之下无为而治的基层乡土社会得以平稳发展。费孝通总结道：

> ……用民主和不民主的尺度来衡量中国社会，都是也都不是，都有些像，但都不确当。一定要给它一个名词的话，我一时想不出比长老统治更好的说法了。

由此，乡土社会的教化权力也被称作"长老权力"。

在《长老统治》这篇文章的最后，费孝通提出了一个新的话题：当社会变迁的速度加快，年长者的经验不足以应付新出现的挑战，反而年轻人不怕变，好奇，肯试验的精神成为赢得机会的筹码，"重要的是智力和专业，还可加一点机会”。这时候，传统文化受到挑战，教化权力就开始缩小，社会也开始远离了乡土性。

在费孝通写《乡土中国》的时候，中国社会正在发生着这一系列的变化，千百年生长在土地上的人们，该如何面对这种变化，他将在接下来的三篇文章中加以分析。

从身份到契约的转换

费孝通在《血缘和地缘》《名实的分离》《从欲望到需要》这最后三篇文章中，主要讨论了社会变迁所发生的变化。这是由于他写《乡土中国》这本书的时候，中国社会面临转型问题，即如何从乡土社会转型到现代社会。

在《血缘和地缘》中，费孝通认为在乡土社会中，血缘和地缘是重合的，地缘只不过是血缘的投影，籍贯也与血缘有关，是血缘的空间投影，人的身份与血缘、家族密切相关。现代社会是一个血缘与地缘分离的社会，是个陌生人的社会，人们不是靠人情而是靠相互间的契约维持社会的运转，商业活动就是在血缘之外的领域发展起来的。这是从身份到契约的转换。

在《名实的分离》中，费孝通认为在传统社会里，名与实基本相符，但社会是不断变化的，原有的名已经无法解释新的变化，人们就采取注释的策略，在旧名词里加入新内容，名与实开始发生分离。在现代社会里，传统已无法适应现代化的要求和发展，旧的名与新的实彻底分离，新的实需要新的名来解释，从而出现新的理论和知识。从传统到现代，就是一个从名实相符走向名实分离的过程。

在《从欲望到需要》中，费孝通认为，在乡土社会里，欲望是人的行动的指导，是一种文化事实，它是受到传统的文化、经验和生活方式塑造的，人们依靠着这种欲望去生活，冥冥之中合乎人类的生存条件。但是，在急速变化的现代生活中，人们是靠自觉的生存条件，即“需要”来生活的，人们依赖理性的分析，知道人类的生存需要满足哪些条件，然后根据这些需要去计划、去行动。这是建立在科学知识基础上的，所以，从乡土社会到现代社会，也是一个从经验到理性的社会。

血缘：根据生育所发生的社会关系

在传统文化里，长幼有序是一个极重要的原则，年长的对年幼的具有教化权力，强制年幼者按一套既定的社会规范做事，一方面维持了社会的秩序，另一方面使年幼者融入了社会。这一原则是建立在血缘社会基础上的。

那么，什么是血缘和血缘社会呢？费孝通说：

> 血缘的意思是人和人的权利和义务根据亲属关系来决定。亲属是由生育和婚姻所构成的关系。血缘，严格说来，只指由生育所发生的亲子关系。

例如，一位男子与一位女子结婚，他们是由于婚姻而形成亲属关系，但他们之间不存在血缘关系；他们的小孩是由于他们的生育而构成亲属关系，小孩与他们之间就存在血缘关系。所以，严格说来，血缘只与生育相关。在单系家族中，它们所表达的就是血缘关系。一个孩子与他的父母有血缘关系，他的父亲与这孩子的祖父和祖母有血缘关系，因而，他与祖父和祖母也具有血缘关系，但他的母亲与他的祖父母就不具有血缘关系，这是从男方单系家族来看的，姓氏跟随父姓就是其典型表现。

人口生育是社会延续下去的前提，“有些社会用生育所发生的社会关系来规定各人的社会地位”，这就是血缘社会。例如，古代的家族制与长子继承制，就是根据血缘来规定一个人的身份和地位。古代看一个人的身份，就看你出生于哪个家族，而长子在家族中的地位又高于同辈的其他人。

血缘社会是一个稳定的社会，它的结构是不变的。

> 血缘社会就是想用生物上的新陈代谢作用，生育，去维持社会结构的稳定。父死子继：农人之子恒为农，商人之子恒为商——那是职业的血缘继替；贵人之子依旧贵——那是身份的血缘继替；富人之子依旧富——那是财富的血缘继替。

血缘社会是乡土社会的一大特点。在现代社会里，人员流动快，社会结构发生了很大的变化，尽管也有所谓的家族继承，例如家族企业，但完全依靠血缘去继替已经不可能了。

血缘是天生的，个人无法选择自己的父母。“谁当你的父母，在你说，完全是机会，且是你存在之前的既存事实。”每个人出生在什么样的家庭，是自己无法选择的，但家庭可以给人们提供后天成长的机会。

在现代社会里，社会不能根据人们出生的家庭状况来分配他们的职业、身份和财产。例如，一个人出生在富有的家庭，可能获得更多的教育机会或就业机会等，但是，如果社会就此认为他应该得到好的职业，较高的社会地位和经济收入，那是完全没有理由的，也是不公平的。

在血缘社会中，血缘和地缘是合一的

血缘社会是稳定的社会。“在稳定的社会中，地缘不过是血缘的投影，不分离的。”人们生于斯、长于斯、死于斯，生存与生活的活动空间都固定在一定的范围里。

> 生，也就是血，决定了他的地。世代间人口的繁殖，像一个根上长出的树苗，在地域上靠近在一伙。地域上的靠近可以说是血缘上亲疏的一种反映，区位是社会化了的空间。

在乡土社会里，人们聚族而居，生活的地域靠得近，就显得血缘上的亲近；生活的地域离得远，血缘关系就会疏离。

我们可以从传统庭院式建筑的布局中看出不同的空间具有不同的社会属性。例如北京的四合院，厅、堂、长辈住房等主要建筑物，是排列于中轴线上的，附属房则位居次轴，轴线上的房屋布局一般以“前公后私”“前下后上”“正高侧低”为原则。这种空间的布局明确体现出尊卑、长幼有序，男女、内外有别的伦理秩序。正如费孝通所说：

我们在方向上分出尊卑，左尊于右，南尊于北，这是血缘的坐标。空间本身是浑然的，但是我们却用了血缘的坐标把空间划分了方向和位置。

所以，在人口不流动的社会中，家族这一社群包含着地域的含义。血缘和地缘合而为一是血缘社会的原始状态。

甚至，我们的籍贯也“只是‘血缘的空间投影’”。我们每个人都有籍贯，“我们的籍贯是取自我们的父亲的，并不是根据自己所生或所住的地方，而是和姓一般继承的”。可以说，籍贯就是一种血缘关系。例如，有人在北京出生，因为他的父亲是江苏人，不仅他要姓他父亲的姓，连同籍贯也要与他的父亲一样。

在现代社会中，地缘是根据地域所发生的社会关系

事实上，乡土社会也不是完全不流动，乡土社会中无法避免的是“细胞分裂”的过程。

原先，当血缘社群里的人口增长了，可以通过对田地的精耕细作来解决人们的生活问题。可一旦人口增长的速度变快，土地的精耕细作满足不了生活的要求，有一部分人就要从这个社群分离出去，到别的地方耕种和居住，形成一个新的村落。它和原先的村落还会保持血缘的关系，甚至还用原来的地名来称呼新的村落或地方。这在移民社会中是常见的现象。例如，福建泉州现在有个洛阳镇，就是唐代初年中原士族南迁至此，看到这里的山川地势很像古都洛阳，就把这个地方取名为洛阳，镇上的江和所建的桥也叫洛阳江和洛阳桥。

如果分出去的人口不能形成新的村落，只能寄居在别的村落里，那就成为“客边”“新客”“外村人”。他们很难融入当地社群，不被视作自己人，不被人所信任，是村落里的陌生人、边缘人。例如，在有些乡村里，大姓家族或宗族势力很大的家族，他们往往掌握村里的话语权，而人口很少的小姓人家势单力薄，常常处于不利的被动地位，不管他们居住多久，都很难具有话语权，甚至几代人过去了，还一直被认为是外乡人。

在现代社会里，人员流动频繁，人们根据自己的需求和目的从一个地方移动到另一个地方。

如果这些没有血缘关系的人能结成一个地方社群，他们之间的联系可以是纯粹的地缘，而不是血缘了。这样血缘和地缘才能分离。

今天，人们根据地缘来确认一个人的来历，我们不会再问“你是哪个家族的人?”或者“你出身什么家庭?”，而是问“你来自什么地方?”。在同一个地域里，居住着不同血缘的人，他们的社会关系是因同一地域而发生，而不是因同一血缘而发生。城市里的社区，社区里的业主委员会都属于地缘社会。

从血缘到地缘的转化，是从身份到契约的转换

血缘社会是熟人社会，熟人社会是讲究人情的。

亲密的血缘关系限制着若干社会活动，最主要的是冲突和竞争；亲属是自己人，从一个根本上长出来的枝条，原则上是应当痛痒相关，有无相通的。而且亲密的共同生活中各人互相依赖的地方是多方面和长期的，因之在授受之间无法一笔一笔地清算往回。亲密社群的团结性就依赖于各分子间都相互的拖欠着未了的人情。

这也就是说，在血缘社会里，人们之间的关系不是竞争的、冲突的关系，而是互助合作的关系。这种合作关系是建立在人情基础上的。今天我帮助你，不是出于金钱上的计算，也不求你的回报，但于你而言，心中总觉得欠了一个人情，总是要寻找机会还回这个人情。如此往复，维持着人们之间的亲密关系。这是血缘社会的一个特点——基于人情的互助。

亲密社群中既无法不互欠人情，也最怕“算账”。“算账”“清算”等于绝交之谓，因为如果相互不欠人情，也就无需往来了。

一旦两人认真清算，就会被认为做了伤害感情的事，也就成为陌生人了。西方社会普遍的AA制，在中国却很难流行起来，中国人亲兄弟也往往不能明算账，而是更在意礼尚往来，就是因为中国社会是一个人情的社会。因此，在血缘社会中，商业很难发展起来。

地缘社会是陌生人的社会，陌生人的社会讲究当场清算，两不相欠，所以商业才能在陌生人社会中发展起来。

> 地缘是从商业里发展出来的社会关系。血缘是身份社会的基础，而地缘却是契约社会的基础。

契约是指陌生人之间所做出的约定。没有契约，陌生人就不能清算他们之间的权利与义务。人们在签订契约时，是基于自己的利益计算，而不考虑自己的身份和感情。在这里，理性计算支配着人们的活动。

现代社会是一个陌生人社会、地缘社会、契约社会，也是一个精于清算的社会。

从血缘社会到地缘社会的转化，就是从熟人到陌生人，从感情到理性，从身份到契约的转化，也是从乡土社会到现代社会的转化。

从名实相符走向名实分离

社会变迁是指社会结构的变动

把乡土社会说成是静止不变的社会，只是为了在认识上方便比较。与快速变化的现代社会相比，乡土社会具有了静止的特点。但是，静止不是完全不动，只是变化缓慢而已。完全静止的社会在现实中是不存在的。

在前面的文章中，费孝通已经从社会的不同角度提出了三种不同性质的权力：由社会冲突中所发生的横暴权力、由社会合作中所发生的同意权力以及由社会继替中所发生的长老权力。

在《名实的分离》这篇文章中，费孝通又提出了另一种权力，他称之为“时势权力”，这种权力发生在激烈的社会变迁过程中。

在这里，我们可以看到，这四种权力可以分成两对。横暴权力是相对于同意权力来说的，横暴权力具有压迫性，同意权力不具有压迫性；长老权力是相对于时势权力来说的，长老权力是在缓慢的社会流动中产生的，而时势权力是在激烈的社会变迁中产生的。

> 社会继替是指人物在固定的社会结构中的流动；社会变迁却是指社会结构本身的变动。

费孝通认为，社会继替的过程和社会变迁的过程并不存在冲突，它们可以同时存在，因为社会变迁再怎么激烈，总有一个逐渐变化的过程。所以，从这两种社会过程中发生的两种权力，即长老权力和时势权力也必然同时存在。

不过长老权力和时势权力是此消彼长的。当社会变迁缓慢，长老权力就强一些，传统的社会规范大致还能发挥作用，“父还是父，子还是子”；当社会变迁过于快速，长老权力就会萎缩，时势权力就会抬头，变强变大，出现“父不是父，子不是子”的现象，过去的传统就要发生变化。

社会结构为什么会变化呢？在费孝通看来，不能把社会结构看成有机体，认为社会结构自身就会发生变化。

> 社会结构，像文化的其他部分一般，是人造出来的，是用来从环境里取得满足生活需要的工具。社会结构的变动是人要它变的，要它变的原因是在它已不能答复人的需要。

费孝通是从文化功能论的角度来看社会结构的，认为人们创造出社会结构，是为了满足人的生活需要。一旦社会结构不能适应该社会的发展，满足人的需要，人们就要改变社会结构，创新社会制度。这时，就会发生社会变迁，实现社会转型。历史上的任何社会变革、政治变革甚至文化变革，都是社会变迁的表现。

文化英雄：时势权力

我们平常说“时势造英雄”，英雄往往出现在激烈动荡的社会变迁过程之中。原有的社会结构不能适应社会的变化，成为阻碍社会发展的力量，这时候，要么主动顺应时势改良，要么被动成为革命的对象。这些改良者、革命者就成了时代的英雄。费孝通是这样阐述的：

> 新的环境发生了，人们最初遭遇到的是旧方法不能获得有效的结果，生活上发生了困难。人们不会在没有发觉旧方法不适用之前就把它放弃的。旧的生活方法有习惯的惰性。但是如果它已不能答复人们的需要，它终必会失去人们对它的信仰，守住一个没有效力的工具是没有意义的，会引起生活上的不便，甚至蒙受损失。另一方面，新的方法却又不是现存的，必须有人发明，或是有人向别种文化去学习，

输入，此外，还得经过试验，才能被人接受，完成社会变迁的过程。

正是在这新旧交替的过程中，那些制度的发明者、文化的输入者、改革的试验者、革命的实践者成为“文化英雄”。例如，五四时期主张文学革命的陈独秀、主张充分西方化的胡适、主张改造国民性的鲁迅，建立民国的孙中山，中华人民共和国的缔造者毛泽东，等等，皆是“文化英雄”。他们能影响民众跟随他们，这就发生了一种权力。

这种权力和横暴权力并不相同，因为它并不是建立在剥削关系之上的；和同意权力又不同，因为它并不是由社会所授权的；和长老权力更不同，因为它并不根据传统的。它是时势所造成的，无以名之，名之曰时势权力。

费孝通认为，我们在不开化的社会中常常可以见到这种时势权力，那些筚路蓝缕的开拓者就是英雄，中国古代的尧、舜、禹都属于这类人物。在战争中，时势英雄更是脱颖而出，比如三国时期的曹操、刘备、关羽、孙权、诸葛亮等人。

谈到现代社会，费孝通说：

现代社会又是一个变迁剧烈的社会，这种权力也在抬头了。最有意思的就是在一个落后的国家要赶紧现代化的过程中，这种权力表现得也最清楚。

与之相反，在安定的社会中，时势权力最不容易发生。何谓安定的社会呢？费孝通说：

社会变迁可以吸收在社会继替之中的时候，我们可以称这社会是安定的。

也就是说，社会的变化不会触动社会结构，不会引起社会结构的变化，这个社会就是安定的社会。

安定的社会是一个平庸的社会。乱世出英雄，说的就是社会处于剧烈变迁的时期，最容易出现英雄人物，他们有预见，有主张，有行动，一呼百应，具有时势权力。

在这里，费孝通讲了儒家的孝道。乡土社会要求人们恪守孝道，就是要做到无违于父之道，就是要承认长老权力。它是维持社会安定的手段。长老权力代表着传统，只要传统不变，道不变，天下就不会发生大的变化。这种社会也就无须变革。

在一个社会里，如果领导阶层有远见，能够紧跟时代的发展，把准社会变迁的节奏，就能引领社会向前进，从而避免出现流血的革命。他们也具有时势权力，是时势英雄。费孝通说：

> 从整个社会看，一个领导的阶层如果能追得上社会变迁的速率，这社会也可以避免因社会变迁而发生的混乱。

他以英国为例来说明这种情况，认为英国领导阶层最能适应环境的变动，“环境变动的速率和领导阶层适应变动的速率配得上才不致发生流血的革命”。中国历史上末代王朝的崩溃，就是领导层没有适应社会的变迁速度而导致的。在历史洪流之中，大厦将倾，有时就在瞬息之间。

变化中的注释：名实分离

在乡土社会中，环境固定，变迁缓慢，社会的变化不会危及传统，也不会引起人事的冲突。

> 在人事范围中，长老保持他们的权力，子弟们在无违的标准中接受传统的统治。在这里不发生“反对”，长老权力也不容忍反对。

长老权力建立在年长者对年轻者教化的基础上，形成对传统的服从。

在这里，不会发生“反对”，不敢犯上作乱。

在同意权力中，才会发生反对，容忍反对。因为同意不是指每人意见的完全一致，而是指在每人的不同意见中求共识，建立契约。这是异中之同，异中求同。而且，执行同意权力的人也要受到监督，如果违反了契约，就要受到反对。反对、异议是同意权力的前提。

在横暴权力统治下，没有反对，只有反抗。横暴权力是上层阶级对下层阶级的统治，哪里有压迫，哪里就有反抗。统治阶级也会利用横暴权力压制反抗，不容忍反对。

在时势权力中，反对发生在对同一问题的不同解决方案上，在不同方案之间发生了争斗，双方大多采用宣传战，争取民众的跟从。

> 为了求功，每一个自信可以解决问题的人，都会感觉到别种方案会分散群众对自己的方案的注意和拥护，因之产生了不能容忍反对的“思想统制”。在思想争斗中，主要的是阵线，反对变成了对垒。

在长老权力统治下的乡土社会里，不会发生反对，也不容发生反对，反对被时间冲淡了，成了“注释”。

> 注释是维持长老权力的形式而注入变动的内容。

乡土社会缓慢变化，并不意味着它毫无变化，当它变化到一定的时候，旧传统的某些内容已经不适应社会的要求，需要改变。这时，人们就以注释的方式，在旧传统的形式里注入新的内容，犹如旧瓶装新酒，以便适应社会的变化。当代对儒家的解读，就不同于董仲舒、朱熹等人对儒家的看法。孔子说“学而时习之”，费孝通从社会学角度对“学”和“习”的重新解释，也是一种名实分离。

> 注释的变动方式可以引起名实之间发生极大的分离。在长老权力下，传统的形式是不准反对的，但是只要表面上承认这形式，内容却

可以经注释而改变。

正因为注释，在旧名称里加入新内容，发生名不符实的现象，名与实就开始分离。

在一个完全固定的社会结构里，天不变，道也不变，名实是完全相符的。但是，事实上并不存在这种完全不变的社会。在变化缓慢的乡土社会里，社会人员在比较固定的社会结构中流动，名与实也不会发生分离，名与实基本相符，人们服从传统，信奉传统，按传统为人做事。

当社会急速变化，旧传统已经容纳不了新的内容，需要一套新的社会观念、制度和结构时，名与实就分离开了，旧的名与新的实分道扬镳。

从乡土社会到现代社会就是一个从名实相符走向名实分离的过程。

从经验到理性

从欲望到需要：社会变迁中的里程碑

在《名实的分离》中，费孝通讨论了在社会变迁中发生了时势权力，出现了文化英雄，由他们去影响或主导社会的变革。这些人掌握着知识，具有了时势权力，不仅要去改造自然，而且要去改造社会。他们把社会看成像自然物一样，是人们可以改造的对象，从而对社会进行设计、建设。

在费孝通看来，社会计划、社会工程都是新词，是现代社会才出现的，不是乡土社会所熟悉的。

> 人类发现社会也可以计划，是一个重大的发现，也就是说人类已走出了乡土性的社会了。

他认为，在乡土社会里，人可以依靠欲望去行事；但是，在现代社会中，欲望并不能成为人的行为的指导，于是产生“需要”，从而才出现了“计划”。“从欲望到需要是社会变迁中一个很重要的里程碑。”

那么，什么是“欲望”，什么是“需要”呢？为什么出现了“需要”就得有“计划”呢？这是他下面要分析的问题。从哪儿开始分析呢？

人类行为动机论

费孝通从人类行为动机论去分析人的欲望。

他认为，人类的行为总是有动机的。比如，在日常生活中，我要看电影，就会上网找影片来看，或者到电影院观看；口渴了，要喝水，就会去找水喝；肚子饿了，要吃饭，就会去找饭来吃；等等。这里的“要”就是人的行为动机，指导着人的行为。

动机含有两个意思。一个是人类可以控制自己的行为，“要这样做就这样做，不要这样做就不这样做”，这是意志。另一个是人类在取舍之间有所根据，这根据就是欲望；也就是说，欲望成了人类取舍的根据。“欲望规定了人类行为的方向”，欲望先于行为。

欲望不仅表示“要”，也表示“缺乏”。我想要一个东西，正说明我缺乏这个东西；缺乏这个东西，我就感到不舒服，就会处于紧张状态；紧张状态不能持久，就要发泄，发生动作；动作完成了，欲望实现了，人就会感到满足，从而感到愉悦。

费孝通认为，欲望—紧张—动作—满足—愉快，是人类行为的过程。当然，如果欲望满足不了，要而得不到，人是会感到不愉悦的。例如，我要买花，说明我缺乏花，没有得到它，心里就不舒服，紧张，那么我就会行动，出去买花，买到了想要的花，这时我心里就高兴。这个行为的过程就完成了。如果没有买到自己想要的花，心里就会不高兴，因为这个行为的过程被中断了。

人类按照欲望而行动，他们的行为是否有利于个人的健康发展和社会的完整与持续呢？对于这个问题，费孝通认为应该从人类的生存事实来加以分析。

> 如果我们走出人类的范围，远远地站着，像看其他生物一般地看人类，我们可以看见人类有着相当久的历史了，他们做了很多事，这些事使人类能生存和绵续下去，好像个人的健全发展和社会的完整是他们的目的。但是逼近一看，拉了那些人问一问，他们却说出了很多和这些目的毫不相关的欲望来了。

这也就是说，我们有时认为别人做某件事是为了某个目的，但其实并不是。费孝通举了两个例子来说明这种不一致。

从远处看，我们认为男女结合，生育孩子，这套行为是社会完整和持续所必需的，人们是以此为目的来生育孩子的，否则，人类就不会存在。但是，你去问这些人，他们就会说："我们是为了爱情，我们不要孩子，孩子却来了。"谁在找女朋友时会以维持人类种族的绵续为目的呢？他们是为了爱情才结合的。

同样，从远处看，我们认为人们每天吃淀粉、脂肪、维生素，这些合乎营养，有利于个人的身体健康。但是，你去问乡下的老农，为什么吃辣椒、大蒜，他会说："这才好吃，下饭的呀。"他并没有考虑为了身体健康这一原因。

在这里，爱情、好吃是欲望。直接决定我们行为的，正是这些欲望，而不是人类种族的延续和个人的身体健康这些目的。

然而，这些欲望所产生的行为是否合乎人类生存条件？费孝通说：

人类的欲望确乎有点微妙，他们尽管要这个要那个，结果却常常正合于他们生存的条件。欲望是什么呢？食色性也，那是深入生物基础的特性。这里似乎有一种巧妙的安排，为了种族绵续，人会有两性之爱；为了营养，人会有五味之好。

这也就是说，人的欲望虽不以种族的延续和个人的健康为目的，但欲望的行为结果却合乎这些目的，"每个人只要能'自私'，那就是充分地满足我们本性里带来的欲望，社会就会形成一个最好、最融洽的秩序"。这种社会秩序是自发的、自然的，而非计划的。欲望不知不觉中暗合着人类的生存条件，仿佛在冥冥之中有一只看不见的手在起作用。

欲望是文化事实

费孝通认为，在乡土社会中，人的欲望常常合乎人类生存条件，那是因为欲望并不是生物事实，而是文化事实。

我说它是文化事实，意思是人造下来教人这样想的。譬如说，北方人有吃大蒜的欲望，并不是遗传的，而是从小养成的。所谓"自

> 私”，为自己打算，怎样打算法却还是由社会上学来的。问题不是在要的本身，而是在要什么的内容。这内容是文化所决定的。

人都有欲望，这是天生的，但人的欲望的内容，即要什么，是后天习得养成的，是由他所处社会的文化所决定的。就如北方人爱吃大蒜，中国人到国外还想吃中餐，都是后天教化习得的结果。这是基本的文化事实。

欲望是文化事实，但并不能说“一切文化事实都是合于人类生存条件的”。有些文化与人类生存条件无关甚至有害，例如封建迷信、不良风潮等，都是无益于人类生存条件的。更远一点看，我们常常把真善美视为比生存更高的价值标准。

> 但是，人类主观上尽管有比生存更重要的价值，文化尽管有一部分可以无关及无益于人类的生存，这些不合于生存的条件的文化以及接受不合于生存条件的文化的人，却在时间里被淘汰了。他们不存在了。

这种淘汰的力量不仅在文化领域内存在，也在自然领域中存在，经过自然选择，不适者不生存。我们可以觉得病西施美，但自然界并不因为西施的美就让她活久点，美与生存无关，不是生存的条件，健康才是生存的条件。

在乡土社会中，传统是经验的积累，能积累起来的就是经得起自然选择的一套生活方式，它们有助于人类的生存。

在乡土社会中，欲望经过文化的熏陶，可以作为行动的指导，并且合乎人类的生存条件。

> 但是，这种印合并不是自觉的，并不是计划的，乡土文化中微妙的配搭可以说是天工，而非人力，虽则文化是人为的。

费孝通认为，这种不自觉的、自然的印合（欲望合乎生存条件），有其弊端，就是一旦环境变了，人们并不能主动地有计划地去适应，只能通过试验找到新的方法。

在乡土社会中，环境变化慢，文化变迁速度也慢，人们有时间可以从容地做盲目的试验，错误所导致的损失也不会是致命的。

但是在现代社会中，由于变迁速度加快，人们如果还是凭借乡土社会中的经验来生活，那就极其危险。

“需要”与“计划”

费孝通认为，在现代社会中，社会变动快，人们发现欲望只是为了满足生存而产生的动机。例如，北方人有吃大蒜的欲望，这是后天习得养成的，是为了自己生存下去而形成的动机。老农爱吃辣椒，因为这样好下饭，也是为了自己能生存下去而产生的动机。于是，人们开始直接注意到生存条件本身，思考“人类要生存需要满足哪些条件”，这就不能依靠乡土社会里原有的文化、传统和经验，它是理论分析的结果。人要生存，需要营养，营养包括淀粉、脂肪、维生素等。人们是根据这些去选择他们的食物，而再也不是根据以往的经验——好吃、能下饭，来选择食物。

> 这里我们把生存的条件变成了自觉，自觉的生存条件是“需要”，用以别于“欲望”。现代社会里的人开始为了营养选择他们的食料，这是理性的时代，理性是指人依了已知道的手段和目的的关系去计划他的行为，所以也可以说是科学化的。

也就是说，通过理性分析而得出的“人的生存条件”才是“需要”，必须利用科学知识去判断哪些能满足人类的生存条件，即满足人类的需要。在现代社会里，知识成了权力，即变迁社会中的时势权力，人们根据知识去确定自己的需要，根据自己的需要去做计划。这是一个理性的、科学的时代。

与现代社会不同，乡土社会是靠经验的，他们不必计划，因为时间过程中，自然替他们选择出一个足以依赖的传统的生活方案。各人依着欲望去活动就得了。从乡土社会到现代社会，就是一个从欲望到需要的过程，也是一个从经验到理性、从传统到知识、从自发到计划、从自然地合乎生存条件到自觉的生存条件的过程。

名家谈《乡土中国》

《乡土中国》架起了学术思想和大众生活沟通的桥梁

《乡土中国》并不是一本晦涩难懂的学术专著。费孝通先生从社会学理论入手，深入浅出，把中国基层社会的普遍现象总结提炼，使其真正能够对认识和指导中国社会的发展变迁起到助力作用。张冠生作为费孝通先生十多年的助手，他在著作《探寻一个好社会——费孝通说乡土中国》中对此有自己的观察和思考：

> 1940年代中后期，费先生的学术研究进入盛期，《乡土中国》是重要进展之一。该书面世之前，他已出版有《江村经济》《禄村农田》等著述，以村落为单元，具体描述江村、禄村的农民生活及社会结构。费先生称此类著述为"调查报告"，属于其田野工作中的个案研究。
>
> 到出版《乡土中国》，费先生的研究重点已从个案、类型向"通论"阶段过渡。所谓通论，不再是对一个社会单元的具体描述，而要提升一步，从具体社会生活中提炼出一些概念，来表达存在于具体事物中的普遍性质，也表达作者对社会现象的理性认识。《乡土中国》正是费先生试图对中国基层社会性质做出通论式描述的尝试结果。

费孝通先生的大胆尝试，克服了当时社会学这一西方理论来到中国"水土不服"的情况。同时，张冠生认为，费孝通先生在《乡土中国》一书中少有说教面孔，文字平易、浅白，在学术思想和大众生活之间架起了一座沟通的桥梁，他写道：

> 费先生的讲法和写法，是“以中国的事实来说明乡土社会的特性”。于是我们看到《乡土中国》像是一幅中国农村社会的素描长卷，中国笔法，散点透视，工笔兼写意。作者驾轻就熟，顺手拈来百姓生活场景乃至细节，让深入的理论和学术思考接通读者的日常经验和感受。

> （一系列）事实叙述，背后是东西方文化两种文化里人际交往遵守信用的不同规则和方法，是个具有理论内涵的话题。费先生说到的具体事情，则是街坊邻里、农妇老汉都很熟悉也能会意的身边事。这类例子，《乡土中国》中俯拾皆是。……即便提出“差序格局”这样蕴含丰厚的概念，也是建立在大家熟悉的日常生活经验基础上。

张冠生还在自己的著作中引用了学者曹聚仁的观点。曹聚仁在《文坛五十年》中称费孝通先生是“文学圈外文章高手”，认为他的著述有蒙田散文的风格：“费氏的散文‘深入浅出，意远言简，匠心别具，趣味盎然’，都为其他文艺作家所不能及。”

这样的评价可谓至高，张冠生对此表示：“曹氏举例，用的是《民主·宪法·人权》一书，似独出。其实，《乡土中国》半点不逊色，是双璧。”通过这么一本易懂耐读的小书，我们可以一窥乡土社会的面貌，而关于我们自己以及身边事的更深一层的思考也可以通过阅读这本书得到解答。正如张冠生说的：“肯用点心思的大众读者可以从中领悟生活现象中的意义和趣味，心有灵犀的学者可以从中受到学术思考的启发。”

费孝通及《乡土中国》对中国社会学的贡献

费孝通先生自二十岁转入燕京大学社会学系学习，纵观他一生的学术研究，对中国社会学的贡献是巨大的。

郑杭生曾在纪念费孝通先生从事学术研究七十周年及诞辰一百周年之际，发表了《对中国社会学的巨大贡献——纪念费孝通先生从事学术研究70周年》和《费孝通先生对当代中国社会学所做贡献的再认识》两篇文章，论述费孝通先生对中国社会学的贡献。

他将费孝通先生的贡献概括为以下三个方面。

> 第一，他对中国早期社会学所做的贡献，突出地表现在成绩卓著的社会学中国化上；第二，他对中国社会学恢复重建所做的贡献，突出地表现在无人可以替代的历史作用上；第三，他对中国社会学发展和拓展所做的贡献，突出地表现在振聋发聩的对社会学性质的新思考上。

其中，郑杭生认为费孝通先生最关键的贡献是“对社会学中国化所做的卓有成效的工作”。

> 他不仅和当时社区学派的其他代表人物一样，实际上开拓了一条社会学中国化的重要途径，在很大程度上扭转了那时基本照抄照搬西方的局面，而且还以他的出色的学术探讨，提供了影响广泛而深远的社会学中国化的具体成果和代表作：《江村经济》（1939）与《禄村农田》（1943），《生育制度》（1947）与《乡土中国》（1948）等。

在对中国社会学恢复重建所做的贡献方面，郑杭生认为费孝通先生受命于危难之际（1978年），领军恢复和重建中国社会学，“是无人可以替代的”。而在对中国社会学的发展和拓展方面所做的贡献，最为关键的是费孝通先生继“差序格局”论、小城镇理论、中华民族的多元一体论等理论之后，又提出了“社会学传统界限扩展论”这一重大理论。

在《费孝通先生对当代中国社会学所做贡献的再认识》中，郑杭生对社会学传统界限扩展论又进一步展开详细的阐述：

> 费老在肯定“社会学是具有‘科学’和‘人文’双重性格的科学”的大前提下指出：社会学的价值，不仅仅在于由科学性决定的“工具性”，“社会学的人文性，决定了社会学应该投放一定的精力，研究一些关于‘人’、‘群体’、‘社会’、‘文化’、‘历史’等基本问题，为社会学的学科建设奠定一个更为坚实的认识基础。”

郑杭生认为，这一理论的重大意义在于这是费孝通先生“回应世界社会学反思、重建的潮流，做出的一种具有鲜明中国特色的贡献”，这对当时“把社会学当作经验科学，以某种新面目出现的实证社会学实际上占主流地位的中国社会学界，具有振聋发聩的作用”。

郑杭生在两篇文章里充分论述了费孝通先生对中国社会学的发展和拓展所做的贡献，借以提醒后学温故知新，常学常新。

而对于《乡土中国》一书在中国社会学上的价值，郑杭生在文章中也有提及：

> 《乡土中国》……分析、解剖了中国乡土社会的结构及其本色。著名的“差序格局”等有中国风格的社会学理论，就是在这本书中提出和论证的。《乡土中国》是社区研究的一部比较成熟之作，代表了费孝通先生早期社会学研究生涯中的一个重要转折点，即从实地的社区研究转变为社会结构的分析。费孝通先生所从事的这项工作，在当时的中国社会学界，是有开创性的。

为什么有必要重读《乡土中国》

《乡土中国》看似内容庞杂，但有一个贯穿首尾的核心词汇——熟人社会。人们长久安稳地生活在熟悉的地方和环境里，人与人、家庭与家庭之间彼此熟识，又以熟识作为彼此信任的基础，这与我们现在习惯的生活，尤其是不停流动、彼此陌生的都市生活，是有很大不同的。所以，现在的中国还是“乡土”的中国吗，身处现代社会的我们是否还有阅读《乡土中国》的必要，我们又该抱着怎样的态度来阅读它，对于这些问题，学者们也给出了他们的答案。

岳永逸在中华书局版《乡土中国》的导读中写道：

> 21 世纪的中国早已经不是《乡土中国》呈现的那个蹒跚迈步的“老旧”中国。如果说费孝通所言的乡土中国还是以农耕文明为主色与底色，那么今天的中国不但都市文明大行其道，而且信息文明已经全面来临……然而，《乡土中国》中提出的很多问题仍然具有时空穿越性，诸如人与人之间如何畅通无阻的交流，如何看待教育、历史，农村究竟应该如何发展，等等。

岳永逸举例说，在现代社会，互联网、智能手机等技术和工具的进步，不仅没有让人们彼此间更加熟悉，反而在“陌生社会”上越走越远，“这时，费孝通先生辨析出的‘熟人社会’面对面（face to face）而全息互现的交流方式，就有了重要意义”。

如果在细读《乡土中国》之后，能激发出探知当代中国与世界的热情，并转化为调研当下的生活方式以及因之生成的文化与习惯的行动，更有效地增强个体的表达能力、交际能力，促进社会的良性运行、协调发展，进而适应国内和国际发展需要，应该才是阅读《乡土中国》最大的价值与意义所在。

赵旭东是费孝通先生的弟子，他在北京时代华文书局版《乡土中国》的前言《阅读〈乡土中国〉的价值》中，对重读《乡土中国》的意义也有论述，他认为《乡土中国》是“借文字去描摹中国的基层社会其可能的结构或者不变的东西是怎样的”，“年轻的人从此种阅读之中可以了解到中国基层社会的结构究竟是怎样的，由此而可以抓住事物的本质，不会为变动不居的社会现象所左右；而年长的人在此阅读之中会感同身受地领会到中国社会自身的变与不变的辩证”。而不同学科的人，也可以从《乡土中国》里找到理解中国的线索。《乡土中国》是一本有着跨越时间和学科魅力的书。

应该清楚的是，时代在不断地变化之中，但问题依旧；中国在不断地得到书写，但超越性的认识却越来越难有所得。……只要你谈论中国，这本书总也是无法真正可以绕过去的。显然，它的价值不仅在于文字上的通俗易懂且内涵丰富，更为重要的还是它所揭示出来的中国问题，这个问题的提出可以搁置许多空洞的讨论，成为直观这个世界的一把钥匙。……当然，乡土并不是中国的全部，但是对于核心价值的讨论却无法避开对于乡土问题本身的追溯，这恰是《乡土中国》这本书的又一价值所在，也是我们今天还要不断去重读它的真实理由的所在。

阅读指南

检视与分析：社科著作《乡土中国》的阅读

推荐书目信息

图书《如何阅读一本书》

书名：《如何阅读一本书》

作者：莫提默·J. 艾德勒（Mortimer J. Adler）、查尔斯·范多伦（Charles Van Doren）

译者：郝明义、朱衣

出版社：商务印书馆

《如何阅读一本书》的作者之一莫提默·J. 艾德勒曾在芝加哥大学执教，并担任了第十五版《大英百科全书》的编辑指导，具有丰富的阅读量和阅读经验。作为一本实用类指导书籍，《如何阅读一本书》清晰地介绍了有关阅读的观念及方法论，且笔调平和，通俗易懂。该书初版于 1940 年，八十年后依然畅销全球，足以见其口碑和价值之高。下面我们将采用书中的方法论来深入阅读费孝通先生的《乡土中国》。

主要内容与典型方法介绍

在艾德勒看来，阅读分为四个渐进的层次：基础阅读（elementary reading）、检视阅读（inspectional reading）、分析阅读（analytical reading）和主题阅读（syntoptical reading），分别对应着熟练识字、系统化略读、完整阅读和比较阅读四大阶段。每一种层次或阶段又被划分为更详细的步骤与程序。整体观之，作者为我们提供了多样而可行的操作方法，具有重要的指导意义。

第一层次为基础阅读，涵盖了从学前教育到初中毕业的阅读阶段，主要为教师指导型阅读，一般要求读者能够熟练识读，同时为更高层次的阅读做准备。第二层次为检视阅读，这才算是真正进入了阅读的范畴。作者介绍了系统的略读和粗浅的阅读两大主要方法，以帮助读者了解一本书的基本内容，并判断是否需要更进一步的分析阅读。在这一阶段，高效做好笔记对理解作品起到重要的辅助作用。第三层次则对应分析阅读，告诉我们如何找到主旨并公正地评判作者的观点，同时，作者还给出了阅读不同类型作品的建议。针对《乡土中国》这一社科类著作，一是要做好分析阅读，二是在有余力的情况下进行主题阅读，但后者要求读者具备较高的理解力和广阔的阅读量，于高中生而言并非易事，故不再赘述。

下面我们将把检视阅读和分析阅读中的主要方法运用到《乡土中国》的阅读过程中，为梳理内容、领会主旨提供有效思路。

检视阅读的第一步：系统地略读。这可以帮我们迅速了解作品的大致信息。在这一阶段，我们可以把自己想象成侦探，在寻找一本书的主题或思想的线索。需要特别注意的是，在阅读过程中注意力要尽量集中并充分调动阅读的主动性。

首先，我们快速浏览书名、序言和目录。看到书名为《乡土中国》，那么全书很可能围绕“乡土”二字对中国社会的基层形态展开讨论。

其次，浏览序言和目录，以帮助我们概括性地理解这本书的基本架构，这就像在旅行出发之前，要先看一下地图一样。我们从序言中大致了解到，这是一本论述中国乡土社会特点的书。接下来再翻阅目录可知，全书除序言和后记外共有十四篇文章，并且每一篇文章的标题都较为清晰和直观地概括了“乡土社会”某一方面的特征，跟主题息息相关。

最后，把书打开，东翻翻西翻翻，念一两段，或连续读几页，但不要太多。如此把全书翻过一遍之后，我们的脑海中将渐渐形成初步感知。

第二步：粗浅地阅读。这是进入文本细读之前的宏观把握。此时，我们就要准备好真正地略读这本书了。《乡土中国》的论述性较强，阅读的过程中可能会有许多生涩之处，但请记住，第一次阅读这本难读的书时，只需从头到尾先读完一遍，碰到不懂的地方先不要急着停下来查询或思索，集中注意力在能够读懂的段落或章节，等到第二遍阅读时，我们便能在一定程度的理解上去解决先前遇到的一些问题。在这一层次中，需要把握好以下几点。

一、随时调整阅读速度。根据内容的难易程度配以合适的阅读节奏。

二、避免逗留与倒退。例如可将手指放在文字下指引视线，强迫自己的眼睛跟着手部的动作移动，这样有助于提升阅读速度和集中注意力。不难发现，这本书里出现了不少外文人名及术语，以第一篇文章《乡土本色》为例：

> 用 Tönnies 的话说：前者是 Gemeinschaft，后者是 Gesellschaft；用 Durkheim 的话说：前者是“有机的团结”，后者是“机械的团结”。

在这里，不少严谨的高中生都会打上问号：这两位外国学者是谁？他们使用的术语怎么读，又是什么意思？其实，我们可以快速跳过这几个单词，不必在此逗留或反复揣摩，毕竟紧随其后的便是对应的阐释。

三、做一个自我要求的阅读者，带着问题意识去阅读。

例如：这是一本什么样的书？作者主要想谈什么内容？

序言中写道：该书收集了费孝通先生在 20 世纪 40 年代后期于云南大学

和西南联大所讲的“乡村社会学”的课程内容，他想要探讨的问题是“作为中国基层社会的乡土社会究竟是个什么样的社会”。

四、适当且简要地做笔记。第一，这会让我们保持高度清醒。第二，主动的阅读中带有个人思考，记录关键内容或所感所想能加深我们对这本书的记忆，这也是梳理思路的方式，从而使我们更好、更快地理解这本书的主旨。

做笔记的方法多种多样，最为常见的便是在原文中画线或标记符号，包括在主要的重点或感兴趣的句子下画线；把已经画线的部分再加画一条线起到强调作用；在空白处标记星号或其他符号，或是夹一张书签，这样能在下次阅读时快速唤醒我们的记忆。同时，还可以将问题或答案随时在书上的空白处记下来，当我们读到后面产生了与前文相呼应的想法时，再翻阅之前的笔记，一方面能够强化理解，另一方面可能还会有新的认识。

现在，我们大概花了40—50分钟通读全书之后，可以进入分析阅读的层次了。首先，我们要为《乡土中国》拟一个大纲。正如艾德勒所言：“每一本书的封面之下都有一套自己的骨架。作为一个分析阅读的读者，你的责任就是要找出这个骨架。”我们可以采取绘制思维导图的方式来梳理全书大纲。与传统笔记相比，绘制思维导图无须冗长的文字且结构清晰、层次分明。

在动手之前，我们要明确两个问题：一是这本书想要谈论的核心问题是什么；二是围绕这一核心问题，作者从哪几个方面展开论述。

在检视阅读阶段，我们已经找到了第一个问题的答案：这本书想要探讨“作为中国基层社会的乡土社会究竟是个什么样的社会”。通览目录并略读全文后，我们尝试拟一个大纲：

《乡土中国》思维导图示例

其次，我们来尝试诠释整本书或某一章节的内容。我们以第一篇文章《乡土本色》为例。

第一步：找出重要的词或短语，可以使用原文，有余力也可稍加提炼。

例如：基层、乡土性、人群不流动、聚村而居、"熟人"社会等等。

第二步：从最重要的句子中抓住章节主旨。

例如："从基层上看去，中国社会是乡土性的。""以农为生的人，世代定居是常态，迁移是变态。""不流动是从人和空间的关系上说的，从人和人在空间的排列关系上说就是孤立和隔膜。孤立和隔膜并不是以个人为单位的，而是以住在一处的集团为单位的。""这是一个'熟悉'的社会，没有陌生人的社会。""规矩不是法律，规矩是'习"出来的礼俗。""陌生人所组成的现代社会是无法用乡土社会的习俗来应付的。"

第三步：重新架构这些论述从而明白作者的主张。我们可以将前两步中的关键词句串联起来，形成自己的表述。

例如：基层往往代表绝大多数的人，也就是乡下人，他们以农业为生，对土地具有极强的依附性，这导致他们缺乏流动，并且以村落为单位彼此隔绝；在这种小农经营模式下，便形成了熟人社会的网络，并依靠礼俗维系公共秩序，然而，随着时代变迁，这种生活方式与现代社会的规则和契约精神相冲突，处处产生流弊。

学有余力的话，我们还可以进行下一阶段的训练，即公正地评判作者的观点。在这里，我们需要明确，尊重知识与反驳观点并不矛盾，给出任何评判之前，也要有一定的理论支撑。

例如：对于"中国的基层社会是乡土性的"这一观点，你怎么看?

或许我们会认为，当今城市化进程较快，乡村人口不断减少，人们的生产生活方式也发生了较大的变化，费孝通先生的观点似乎不再站得住脚，然而，此书作于1948年，结合历史知识我们会发现，当时的社会状况确乎为书中所表述的那般，乡村人口占有极大的比重。此外，即使是现在，我们的祖辈仍有不少依然是农民出身，作为子孙的我们身体里也或多或少地留存着乡土的基因。

再如：阅读完《文字下乡》和《再论文字下乡》，你也认为乡土社会真的不需要文字吗?

作者认为，提倡文字下乡，首先要考虑语言和文字的基础。文字发生之初是为了破解人和人的接触中存在的空间和时间阻碍，并达到传情达意的目的。而中国的乡土社会由于土地的不流动性，导致人们生活在一个相对固定的环境中，历世不移，彼此的沟通不受时间和空间的阻隔。在这种“面对面社群”中，不仅语言并非传情达意的唯一象征体系，文字有时候亦是不必要的。因此，在乡土性这一特点不变的前提下，单纯地追求让乡下人读书识字，有些舍近求远。

至此，我们分别采用检视阅读和分析阅读快速地了解到作品的大致信息，抓住了文章主旨。希望上述的阅读方法能够帮助大家读懂《乡土中国》。

巩固练习

《乡土本色》巩固练习

一、填空题

1. 从基层上看去，中国社会是______的。是生于斯、死于斯的社会，常态的生活是终老是乡。这是一个“______”的社会。现代社会是个______组成的社会，各人不知道各人的底细。

2. 我们不妨缩小一些范围来看，三条大河的流域已经全是农业区。三条大河分别指______、______、______。

3. 无论出于什么原因，中国乡土社区的单位是______，从三家村起可以到几千户的大村。乡土社会的生活是富于______的，他们活动范围有地域上的限制。在区域间接触少，生活隔离，各自保持着孤立的社会圈子。

二、选择题

4. 将下列编号的语句依次填入语段空白处，语意连贯的一项是(　　)。

________________，________________，________________，________________，________________，________________。耕种活动里分工的程度很浅，至多在男女间有一些分工，好像女的插秧，男的锄地等。这种合作与其说是为了增加效率，不如说是因为在某一时间男的忙不过来，家里人出来帮帮忙罢了。

①从人和人在空间的排列关系上说就是孤立和隔膜

②不流动是从人和空间的关系上说的

③从农业本身看

④孤立和隔膜并不是以个人为单位的

⑤而是以住在一处的集团为单位的

⑥许多人群居在一处是无需的

A. ③②①④⑤⑥　　B. ②①④⑤③⑥

C. ③⑥②①④⑤　　D. ②①④⑤⑥③

5. 下列选项中，不属于中国农民聚村而居的原因的是（　　）。

A. 每家所耕的面积小，所谓小农经营，所以聚在一起住，住宅和农场不会距离得过分远。

B. 土地平等继承的原则下，兄弟分别继承祖上的遗业，使人口在一地方一代一代地积起来，成为相当大的村落。

C. 需要水利的地方，他们有合作的需要，在一起住，合作起来比较方便。

D. 为了生存，人多可以获取和保护更多的生活资源。

6. 在《乡土本色》中，作者认为乡土社会的信用来自（　　）。

A. 对于契约的重视

B. 出于宗教的信仰

C. 对于一种行为的规矩熟悉到不加思索时的可靠性

D. 对于王权的敬畏

三、简答题

7. 结合《乡土本色》的文章内容，分别给“礼俗社会”和“法理社会”下定义。

8. 以前，在农村，多数人借钱是不打借条的，除非数额较大，凭的就是人与人之间的关系和信任。但现代社会，尤其是在都市中，借钱必打借条的理念深入人心。有人说农业社会有着天生的信用，而打借条则代表着当下社会信任的缺失。你是如何看待这两种行为背后的思想根源的？请简述理由。

四、拓展阅读

9. 阅读下列材料，回答问题。

①从基层上看去，中国社会是乡土性的。那些被称为土头土脑的乡下人，他们才是中国社会的基层。

②我们说乡下人土气，虽则似乎带着几分藐视的意味，但这个土字却用得很好。土字的基本意义是指泥土。乡下人离不了泥土，因为在乡下住，种地是最普通的谋生办法。在我们这片远东大陆上，可能在很古的时候住过些还不知道种地的原始人，那些人的生活怎样，对于我们至多只有一些好奇的兴趣罢了。以现在的情形来说，这片大陆上最大多数的人是拖泥带水下田讨生活的了。我们不妨缩小一些范围来看，三条大河的流域已经全是农业区。而且，据说凡是从这个农业老家里迁移到四围边地上去的子弟，也老是很忠实地守着这直接向土里去讨生活的传统。我记得我的老师史禄国先生也告诉过我，远在西伯利亚，中国人住下了，不管天气如何，还是要下些种子，试试看能不能种地。——这样说来，我们的民族确是和泥土分不开的了。从土里长出过光荣的历史，自然也会受到土的束缚，现在很有些飞不上天的样子。

③靠种地谋生的人才明白泥土的可贵。城里人可以用土气来藐视乡下人，但是乡下，“土”是他们的命根。在数量上占着最高地位的神，无疑的是“土地”。“土地”这位最近于人性的神，老夫老妻白首偕老的一对，管着乡间一切的闲事。他们象征着可贵的泥土。我初次出国时，我的奶妈偷偷地把一包用红纸裹着的东西，塞在我箱子底下。后来，她又避了人和我说，假如水土不服，老是想家时，可以把红纸包裹的东西煮一点汤吃。这是一包灶上的泥土。——我在《一曲难忘》的电影里看到了东欧农业国家的波兰也有着类似的风俗，使我更领略了“土”在我们这种文化里所占和所应当占的地位了。

④农业和游牧或工业不同，它是直接取资于土地的。游牧的人可以逐水草而居，a（漂泊无依/飘忽无定）；做工业的人可以择地而居，迁移无碍；而种地的人却搬不动地，长在土里的庄稼行动不得，侍候庄稼的老农也因

之像是半身插入了土里，土气是因为不流动而发生的。

⑤直接靠农业来谋生的人是黏着在土地上的。我遇见过一位在张北一带研究语言的朋友。我问他说在这一带的语言中有没有受蒙古话的影响。他摇了摇头，不但语言上看不出什么影响，其他方面也很少。他接着说："村子里几百年来老是这几个姓，我从墓碑上去重构每家的家谱，清清楚楚的，一直到现在还是那些人。乡村里的人口似乎是附着在土上的，一代一代的下去，不太有变动。"——这结论自然应当加以条件的，但是大体上说，这是乡土社会的特性之一。我们很可以相信，以农为生的人，世代定居是常态，迁移是变态。大旱大水，连年兵乱，可以使一部分农民 b（抛井离乡/抛妻弃子）；即使像抗战这样大事件所引起基层人口的流动，我相信还是微乎其微的。

（节选自费孝通《乡土中国·乡土本色》，有删改）

（1）在文中 a、b 画线处填入的词语，恰当的一项是（　　）。

A. 飘忽无定　抛井离乡　　B. 漂泊无依　抛妻弃子

C. 漂泊无依　抛井离乡　　D. 飘忽无定　抛妻弃子

（2）下列关于原文内容的理解和分析，正确的一项是（　　）。

A. 从农业老家里迁移到四围边地上去的子弟，也都维持着这直接向土里去讨生活的传统。

B. 从现在的情形来说，远东这片大陆上的人都是拖泥带水下田讨生活的了。

C. 游牧民族逐水草而居，他们对土地的依赖性很小，所以游牧民族是不土气的。

D. 从某个角度看，我们的民族和土是分不开的。土既是生存的资本，同时又是一种束缚。

（3）第③段中提到"我"初次出国时奶妈塞给我一包灶土，下列选项中与这一风俗所体现的内涵一致的是（　　）。

A. 故乡的歌是一支清远的笛/总在有月亮的晚上响起/故乡的面貌，却是一种模糊的怅惘/仿佛雾里的挥手别离/离别后/乡愁是一棵没有年轮的树/永不老去——席慕蓉《乡愁》

B. 滞雨长安夜，残灯独客愁。故乡云水地，归梦不宜秋。——李商隐《滞雨》

C. 只见太宗低头，将御指拾一撮尘土，弹入酒中。三藏不解其意，……太宗道："日久年深，山遥路远，御弟可进此酒：宁恋本乡一捻土，莫爱他乡万两金。"——吴承恩《西游记》

D. 慈母手中线，游子身上衣。临行密密缝，意恐迟迟归。——孟郊《游子吟》

（4）第⑤段中画线句的表达效果是：________________。

（5）概述本文的论证思路。

____

____

____

五、写作

10. 费孝通在《乡土中国》中曾说，城里人可以用土气来藐视乡下人，而"土"却是"乡下人"的命根。出门在外，水土不服，老是想家时，可以把红纸包裹的东西煮一点汤吃。这是一包灶上的泥土。你对此有怎样的认识？请写一篇文章，谈谈你的思考。

要求：自拟题目；不少于500字。

《文字下乡》《再论文字下乡》巩固练习

一、填空题

1. 语言只能在一个社群所有的相同经验的一层上发生。可是从另一方面说，在一个社群所用的共同语言之外，也必然会因个人间的需要而发生许多少数人间的特殊语言，即所谓的“__________”。

2. 人之所以要有记忆，因为他“当前”的生活必须有着“过去”所传下来的办法。所以人在记忆上发展的程度是依他们的__________而决定的。

3. 文字的发生是在人和人传情达意的过程中受到了______和______的阻隔的情境里。所谓时间上的阻隔有两方面，一方面是个人的______之隔，一方面是社会的______之隔。

4. 人的学习是向一套已有的方式的学习。这套方式并不是每个人个别的创制，而是社会的遗业，是社会共同的经验的累积，也就是我们常说的文化。文化是依赖__________和__________而维持着的社会共同经验。

二、判断题

5. 乡村工作的朋友们说乡下人愚，不是指他们智力不及人，而是说他们知识不及人。（　　）

6. 在城市生活的人每天要面对许多陌生面孔，同不同的陌生人打交道，因此需要使用文字记录来帮助识别和记忆。熟悉的人大可不必如此。（　　）

7. 文字所能传的情、达的意是不完全的。因此在利用文字时，要讲究文法，讲究艺术。文法和艺术可以使文字不“走样”。（　　）

8. 文字是间接的说话，本质是一种工具，而且是个不太完善的工具。（　　）

9. 人不能离开社会生活，就不能不学习文化。所以传承文化是一种责任。（　　）

10. 在人的生活和时间的关联中，词是最主要的桥梁。文和词相辅相

成，一切文化中不能没有“词”，也不能没有“文字”。(　　)

三、选择题

11. 将下列编号的语句依次填入空白处，语意连贯的一项是(　　)。

文字所能传的情、达的意是不完全的。这不完全是出于“间接接触”的原因。________于是在利用文字时，我们要讲究文法，讲究艺术。文法和艺术就在减少文字的“走样”。

①你用文字把当时当地的情意记了下来，

②我们所要传达的情意是和当时当地的外局相配合的。

③如果在异时异地的圜局中去看，

④文字之成为传情达意的工具常有这个无可补救的缺陷。

⑤所会引起的反应很难尽合于当时当地的圜局中可能引起的反应。

A. ①③⑤②④　　B. ②①③⑤④

C. ④①③⑤②　　D. ②④①③⑤

12. 在《文字下乡》中，作者认为乡土社会是熟人社会，当熟悉到一定程度，文字是多余的，甚至语言也是多余的。下列成语中不符合这一观点的是(　　)。

A. 眉目传情　　B. 暗送秋波

C. 眉来眼去　　D. 明目张胆

四、简答题

13. 结合《文字下乡》和《再论文字下乡》的内容，简述什么是文字下乡。

____

____

____

14. 请简述为什么乡土社会中不需要文字。

____

____

____

15. 乡下人在马路上听见背后汽车连续地按喇叭，慌了手脚，东避也不是，西躲又不是，司机拉住闸车，在玻璃窗里，探出半个头，向着那土老头儿，啐了一口："笨蛋!"——如果这是愚，真冤枉了他们。我曾带了学生下乡，田里长着包谷，有一位小姐，冒充着内行，说："今年麦子长得这么高。"旁边的乡下朋友，虽则没有啐她一口，但是微微的一笑，也不妨译作"笨蛋"。

结合材料赏析"啐了一口"和"微微的一笑"的表达效果。

五、拓展阅读

16. 阅读下列材料，回答问题。

材料一：

①智力是学习的能力。如果一个人没有机会学习，不论他有没有学习的能力还是学不到什么的。我们是不是说乡下人不但不识字，而且识字的能力都不及人呢？

②说到这里我记起了疏散在乡下时的事来。同事中有些孩子被送进了乡间的小学，在课程上这些孩子样样都比乡下孩子学得快、成绩好。教员们见面时总在家长面前夸奖这些孩子们有种、聪明。但是有一天，我在田野里看放学回来的小学生们捉蚱蜢，那些"聪明"而有种的孩子，扑来扑去，屡扑屡失，而那些乡下孩子却反应灵敏，一扑一得。

③乡下孩子在教室里认字认不过教授们的孩子，和教授们的孩子在田野里捉蚱蜢捉不过乡下孩子，在意义上是相同的。我并不责备自己孩子蚱蜢捉得少，第一是我们无需用蚱蜢来加菜（云南乡下蚱蜢是下饭的，味道很近于苏州的虾干），第二是我的孩子并没有机会练习。教授们的孩子穿了鞋袜，为了体面，不能不择地而下足，弄污了回家来会挨骂，于是在他们捉蚱蜢时不免要有些顾忌，动作不活灵了。这些也许还在其次，他们日常并不在田野里跑惯，要分别草和虫，须费一番眼力，蚱蜢的保护色因之易

于生效。——我为自己孩子所作的辩护是不是同样也可以用之于乡下孩子在认字上的“愚”么？我想是很适当的，乡下孩子不像教授们的孩子到处看见书籍，到处接触着字，这不是他们日常所混熟的环境。教授们的孩子并不见得一定是遗传上有什么特别善于识字的能力，显而易见的却是有着易于识字的环境。这样说来，乡下人是否在智力上比不上城里人，至少还是个没有结论的题目。

④我决不是说我们不必推行文字下乡，在现代化的过程中，我们已开始抛离乡土社会，文字是现代化的工具。我要辨明的是乡土社会中的文盲，并非出于乡下人的“愚”，而是由于乡土社会的本质。单从文字和语言的角度中去批判一个社会中人和人的了解程度是不够的，因为文字和语言，只是传情达意的一种工具，并非唯一的工具。所以提倡文字下乡的人，必须先考虑到文字和语言的基础，否则开几个乡村学校和使乡下人多识几个字，也许并不能使乡下人“聪明”起来。

（节选自费孝通《乡土中国·文字下乡》，有删改）

材料二：

①在上一篇“论文字下乡”里，我说起了文字的发生是在人和人传情达意的过程中受到了空间和时间的阻隔的情境里。可是我在那一篇里只就空间阻隔的一点说了些话。乡土社会是个面对面的社会，有话可以当面说明白，不必求助于文字。这一层意思容易明白，但是关于时间阻隔上怎样说法呢？在本文中，我想申引这一层意思了。

②所谓时间上的阻隔有两方面：一方面是个人的今昔之隔；一方面是社会的世代之隔。让我先从前一方面说起。中国社会从基层上看去是乡土性，中国的文字并不是在基层上发生。最早的文字就是庙堂性的，一直到目前还不是我们乡下人的东西。我们的文字另有它发生的背景，我在本文所需要指出的是在这基层上，有语言而无文字。不论在空间和时间的格局上，这种乡土社会，在面对面的亲密接触中，在反复地在同一生活定型中生活的人们，并不是愚到字都不认得，而是没有用字来帮助他们在社会中生活的需要。我同时也等于说，如果中国社会乡土性的基层发生了变化，也只有在发生了变化之后，文字才能下乡。

（节选自费孝通《乡土中国·再论文字下乡》，有删改）

材料三：

①如同民国时候考出来的乡下人子弟不愿意回乡下谋生一样，他们也不愿意回到乡下，如今比较自由流动的时代，宁愿“北漂”，流浪在城里，也不愿回乡下，甚至连小城也不愿意回了。传统意义上有了功名或者当了官后，还会回到家乡当绅士的人已经不见了。不管是考学出来的青年，还是以民工方式打工的人，在城里有了立足之地，再也不愿意回乡居住了。这样乡村的社会里，已经不再会有既与官府可打交道，又是乡村人拥戴的有社会声望的“绅士”这样的人了。

②费孝通曾研究过民国时候这种“乡土的损蚀”现象。而当下急剧的城市化背景下，乡村更是一片文化和人才的荒地。文字下乡本来是帮助乡村生活更好的，但是文字下乡，本来就是工业化和城市化的现代性社会的产物，一开始似乎就注定了，文字下乡的后果不是乡村的生活更好，而是让乡村走向终结，城市文化成为城镇化之后乡村人要学习的“新文化”。

（节选自陈心想《乡土社会的文化传承：再论文字下乡》，有删改）

（1）下列对材料内容的理解，不正确的一项是（　　）。

A. 一个人即使有学习的能力，如果没有机会学习，也是学不到什么的。

B. 乡土社会里不用文字绝不能说是“愚”的表现，而是由乡土社会的本质决定的。

C. 乡土社会是个面对面的社会，有话可以当面说明白，不必求助于文字，推行文字下乡没有意义。

D. 文字下乡本来是帮助乡村生活更好的，但在当下急剧的城市化背景下，却出现了文化和人才的荒地。

（2）分析材料一中，作者为什么说不责备自己孩子蚱蜢捉得少？

____

____

____

（3）请简析材料二中第①段的作用。

（4）文字下乡本来是帮助乡村生活更好的，但却造成了乡村精英的流失。在实施乡村振兴战略的当下，应如何更好地解决这个问题，振兴乡村？请结合材料三尝试加以探究。

17. 阅读下列材料，回答问题。

材料一：

①语言只能在一个社群所有的相同经验的一层上发生。群体愈大，包括的人所有的经验愈繁杂，发生语言的一层共同基础也必然愈有限，于是语言也愈趋于简单化。

②可是从另一方面说，在一个社群所用的共同语言之外，也必然会因个人间的需要而发生许多少数人间的特殊语言，即所谓的“行话”。行话是同行人中的话，外行人因为没有这种经验，不会懂的。

③“特殊语言”不过是亲密社群中所使用的象征体系的一部分，用声音来作象征的那一部分。在亲密社群中可用来作象征体系的原料比较多。表情、动作，在面对面的情境中，有时比声音更容易传情达意。即使用语言时，也总是密切配合于其他象征原料的。

④“特殊语言”常是特别有效，因为它可以摆脱字句的固定意义。语言像是个社会定下的筛子，如果我们有一种情意和这筛子的格子不同也就漏不过去。我想大家必然有过“无言胜似有言”的经验。其实这个筛子虽则有助于人和人间的了解，但同时却也使人和人间的情意公式化了，使每一人、每一刻的实际情意都走了一点样。

（节选自费孝通《乡土中国·文字下乡》，有删改）

材料二：

爸爸已听了我的话，为我要城里的杨马兵做保山，向划渡船说亲去了！

（编者注：这里的方言“保山”指的是媒人。）

（节选自沈从文《边城》）

小报应，管事先生他们说笑话，这也生气吗？谁敢欺侮你？总爷是一堡子的主人，他会为你骂他们！（编者注：这里的“小报应”指的是前辈对后辈的昵称。）

（节选自沈从文《三三》）

一会儿有人急忙跑到围子里来报信，才知道桥头杂货铺烧了，同时贵生房子也走了水。（编者注：这里的“走了水”指的是发生了火灾。）

（节选自沈从文《贵生》）

姐姐和我也不能闲着。她帮助母亲洗、作；我在一旁打下手儿——递烙铁、添火，送热水与凉水等等。

我们当然兴奋。首先是我们过年的那一点费用是用我们自己的劳动换来的，来得硬正。（编者注：“打下手儿”指做事时，协助别人做辅助工作；“硬正”指钱来得路正，花起来问心无愧。这两个词都是地地道道的北京方言。）

（节选自老舍《贺年》）

像你这么老实巴交的，安安顿顿地在这儿混些日子，总比满天打油飞去强。（编者注：“老实巴交”是指人老实，规矩；“满天打油飞”指的是无目的的到处游荡，没个准地方落脚。）

（节选自老舍《骆驼祥子》）

材料二的语段来自沈从文和老舍的文学作品中的日常对话，但我们读起来仍需要借助注释才能明白，结合材料一的内容，运用费孝通《文字下乡》中的观点对此现象进行阐释。

____

____

____

18. 阅读下列材料，回答问题。

材料一：

城市与乡村自然一向就有差异，但在早年无论城乡既都是建立在农业和手工业生产的基础之上，所以仅有的一些差异也只限于程度。近代社会变迁之后，通都大邑完全接受了西洋文明的洗礼，工业设施、西方习俗日渐传入，影响所及遂使城乡之间由程度之差变为性质的不同。学校特别是高等学校既大多设立于通都大邑。都市与农村的习俗不尽相同，在长期的教育过程中必要受到都市习俗的熏染终至不能与农村的习俗协调；畸形发展的近代都市其物质设备又特别富于诱惑，比起农村中的简陋单调自然使人留恋都市，而不肯回到农村。

（节选自史靖《绅权的继替》，有删改）

材料二：

真正的文字下乡是在共和国成立之后，但进入正轨也是改革开放之后，全面恢复高考为标志的整套教育系统的正常运转才开始的。这些读了书识了字的乡下人，在改革开放的时代，在城市化的潮流中，他们开始背井离乡走向城市，一个路子是考学，比如以高考为主，上了大学进了城；一小部分是入伍当兵，转业了进了城。要走这两条路任一条都是不能不读书的。还有一个是大部分乡村人选择的路，进城打工，这个路子通常没有文化和技术也是很困难的，即使是最不需要识字的工作，与家庭通信来往也有障碍。所以，乡村不是不需要文字了，“发生了变化之后”，文字有了需要。

（节选自陈心想《乡土社会的文化传承：再论文字下乡》，有删改）

结合材料一、材料二，浅析在近代显著的社会变迁后，尤其是改革开放之后，城乡脱节的原因。

六、写作

19. 材料一：文字是间接的说话，而且是个不太完善的工具。当我们有了电话、广播的时候，书信文告的地位已经大受影响。等到传真的技术发达之后，是否还用得到文字，是很成问题的。

（节选自费孝通《乡土中国·文字下乡》）

材料二：

某位教授曾说过这样一段话：设想朱自清活在21世纪，有一天晚上忽然想起家边荷塘，悄悄地披了大衫，带上门出去，看到月光淡淡的，拿出手机，“咔嚓”一下拍照，再发到微信朋友圈或者微博，写了句“今晚的荷塘很美”，然后就没有了，文字没有了，《荷塘月色》没有了，散文没有了。

这两则材料引发了你怎样的思考？请自选一个角度写一篇不少于800字的文章，题目自拟。

《差序格局》巩固练习

一、填空题

1.《差序格局》中，亲属关系是根据______和______事实所发生的社会关系。

2. 伦重在分别，在《礼记·祭统》里所讲的十伦，鬼神、______、______、贵贱、亲疏、爵赏、______、政事、______、上下，都是指差等。“不失其伦”是在别父子、远近、亲疏。伦是有______的次序。

3. 老乡本指出生或长期生活在相同地区的人们之间的称谓，但在中国，这个概念有时可以很大。离开家，十里八村的都称老乡；离开县，各个乡镇的都称老乡；离开省，各个地市的都称老乡；离开中国，所有省份的都称老乡。这体现了中国社会“差序格局”的______、______的特点。

二、选择题

4. 选择最恰当的一项填入下列句子的空缺处。（　　）

在这种富于伸缩性的网络里，随时随地是有一个“己”作中心的。这并不是______，而是______。个人是对团体而说的，是分子对团体。在个人主义下，一方面是______，指在同一团体中各分子的地位相等，个人不能侵犯大家的权利；一方面是______，指团体不能抹杀个人，只能在个人们所愿意交出的一分权利上控制个人。

A. 自我主义　个人主义　宪法观念　平等观念

B. 个人主义　自我主义　平等观念　宪法观念

C. 个人主义　利己主义　平等观念　规则观念

D. 利己主义　个人主义　平等观念　规则观念

5. 在《差序格局》中，作者认为：家庭在西洋是一种界线分明的团体。在英美，如果有一位朋友写信给你说他将要“带了他的家庭”一起来看你，他很知道要和他一同来的是（　　）。

A. 他、他的妻子、弟弟和孩子

B. 他、他的妻子和孩子

C. 他、他的妻子、未成年的孩子

D. 他、他的父母、妻子和孩子

6. 小说《红楼梦》中，在贾家的大观园里，以贾宝玉为中心，根据亲属的亲疏关系，依次住着（　　）。

A. 贾探春、薛宝钗、林黛玉

B. 林黛玉、薛宝钗、贾探春

C. 林黛玉、贾探春、薛宝钗

D. 贾探春、林黛玉、薛宝钗

7. 将下列编号的语句依次填入语段空白处，语意连贯的一项是(　　)。

以“己”为中心，像石子一般投入水中，__________，__________，__________，__________，__________，__________。在这里我们遇到了中国社会结构的基本特性了。

①一圈圈推出去

②和别人所联系成的社会关系

③而是像水的波纹一般

④不像团体中的分子一般大家立在一个平面上的

⑤愈推愈远

⑥也愈推愈薄

A. ①④③②⑤⑥　　B. ①②④③⑤⑥

C. ②④③①⑤⑥　　D. ④③①②⑤⑥

8. 在《差序格局》中，作者认为：在传统结构中，每一家以自己的地位作中心，周围划出一个圈子，这个圈子是“街坊”。可是这不是一个固定的团体，而是一个范围。范围的大小也要依着中心的势力厚薄而定。有势力的人家的街坊可以遍及全村，穷苦人家的街坊只是比邻的两三家。下列选项符合这一观点的是（　　）。

①穷在闹市无人问，富在深山有远亲

②斗米养恩，担米养仇

③得意时门庭若市，失意时门可罗雀

④十年寒窗无人问，一举成名天下知

⑤穷不言富，贱不趋贵

⑥千门万户曈曈日，总把新桃换旧符

A. ①②③　　B. ③④⑤

C. ①③④　　D. ①③⑥

三、简答题

9. 请简述“差序格局”和“团体格局”的概念及其各自特点。

____

____

____

10. 在中国，我们对亲戚的称谓要比西方复杂，称呼父亲的哥哥为伯父，父亲的弟弟为叔叔，父亲的姐妹为姑姑，母亲的姐妹为姨妈。但在英语中，父亲的兄弟统一称作 uncle，父亲和母亲的姐妹统称为 aunt。称谓的不同反映了中西方社会中的家庭有什么不同？

____

____

____

11. 作者是如何阐述“差序格局”的特点的？

____

____

____

四、拓展阅读

12. 阅读下列材料，回答问题。

①在乡村工作者看来，中国乡下佬最大的毛病是“私”。说起私，我们就会想到“____________________”的俗语。谁也不敢否认这俗语多少是中国人的信条。其实抱有这种态度的并不只是乡下人，就是所谓城里人，何

尝不是如此？苏州人家后门常通一条河，听来是最美丽也没有了，文人笔墨里是中国的威尼斯，可是我想天下没有比苏州城里的水道更脏的了。什么东西都可以向这种出路本来不太畅通的小河沟里一倒，有不少人家根本就不必有厕所。明知人家在这河里洗衣洗菜，却毫不觉得有什么需要自制的地方。为什么呢？——这种小河是公家的。

②一说是公家的，差不多就是说大家可以占一点便宜的意思，有权利而没有义务了。小到两三家合住的院子，公共的走廊上照例是尘灰堆积，满院生了荒草，谁也不想去拔拔清楚，更难以插足的自然是厕所。没有一家愿意去管“闲事”，谁看不惯，谁就得白服侍人，半声谢意都得不到。于是像格兰亨姆的公律，坏钱驱逐好钱一般，公德心就在这里被自私心驱走。

③从这些事上来说，私的毛病在中国实在是比愚和病更普遍得多，从上到下似乎没有不害这毛病的。现在已成了外国舆论一致攻击我们的把柄了。所谓贪污无能，并不是每个人绝对的能力问题，而是相对的，是从个人对公家的服务和责任上说的。中国人并不是不善经营，只要看南洋那些华侨在商业上的成就，西洋人谁不侧目？中国人更不是无能，对于自家的事，抓起钱来，拍起马来，比哪一个国家的人能力都大。因之这里所谓“私”的问题却是个群己、人我的界线怎样划法的问题。我们传统的划法，显然是和西洋的划法不同。因之，如果我们要讨论私的问题就得把整个社会结构的格局提出来考虑一下了。

④西洋的社会有些像我们在田里捆柴，几根稻草束成一把，几把束成一扎，几扎束成一捆，几捆束成一挑。每一根柴在整个挑里都属于一定的捆、扎、把。每一根柴也都可以找到同把、同扎、同捆的柴，分扎得清楚不会乱的。在社会，这些单位就是团体。我说西洋社会组织像捆柴就是想指明：他们常常由若干人组成一个个的团体。团体是有一定界限的，谁是团体里的人，谁是团体外的人，不能模糊，一定得分清楚。在团体里的人是一伙，对于团体的关系是相同的，如果同一团体中有组别或等级的分别，那也是事先规定的。我用捆柴来比拟，有一点不太合适，就是一个人可以参加好几个团体，而好几扎柴里都有某一根柴当然是不可能的，这是人和柴不同的地方。我用这譬喻是在想具体一些使我们看到社会生活中人和人

的关系的一种格局。我们不妨称之作团体格局。

⑤我们的社会结构本身和西洋的格局是不相同的，我们的格局不是一捆一捆扎清楚的柴，而是好像把一块石头丢在水面上所发生的一圈圈推出去的波纹。每个人都是他社会影响所推出去的圈子的中心。被圈子的波纹所推及的就发生联系。每个人在某一时间某一地点所动用的圈子是不一定相同的。

⑥我们社会中最重要的亲属关系就是这种丢石头形成同心圆波纹的性质。可以一直推出去包括无穷的人，过去的、现在的和未来的人物。我们俗语里有“一表三千里”，就是这个意思，其实三千里者也不过指其广袤的意思而已。这个网络像个蜘蛛的网，有一个中心，就是自己。我们每个人都有这么一个以亲属关系布出去的网，但是没有一个网所罩住的人是相同的。在一个社会里的人可以用同一个体系来记认他们的亲属，所同的只是这体系罢了。体系是抽象的格局，或是范畴性的有关概念。当我们用这体系来认取具体的亲亲戚戚时，各人所认的就不同了。我们在亲属体系里都有父母，可是我的父母却不是你的父母。再进一步说，天下没有两个人所认取的亲属可以完全相同的。兄弟两人固然有相同的父母了，但是各人有各人的妻子儿女。因之，以亲属关系所联系成的社会关系的网络来说，是个别的。每一个网络有个“己”作为中心，各个网络的中心都不同。

⑦在我们乡土社会里，不但亲属关系如此，地缘关系也是如此。现代的保甲制度是团体格局性的，但是这和传统的结构却格格不相入。在传统结构中，每一家以自己的地位作中心，周围划出一个圈子，这个圈子是“街坊”。有喜事要请酒，生了孩子要送红蛋，有丧事要出来助殓，抬棺材，是生活上的互助机构。可是这不是一个固定的团体，而是一个范围。范围的大小也要依着中心的势力厚薄而定。有势力的人家的街坊可以遍及全村，穷苦人家的街坊只是比邻的两三家。中国传统结构中的差序格局具有这种伸缩能力。在乡下，家庭可以很小，而一到有钱的地主和官僚阶层，可以大到像个小国。中国人也特别对世态炎凉有感触，正因为这富于伸缩的社会圈子会因中心势力的变化而大小。

⑧在孩子成年了住在家里都得给父母膳食费的西洋社会里，大家承认

团体的界限。在团体里的有一定的资格。资格取消了就得走出这个团体。在他们不是人情冷热的问题，而是权利问题。在西洋社会里争的是权利，而在我们却是攀关系、讲交情。

⑨为自己可以牺牲家，为家可以牺牲族……这是一个事实上的公式。在这种公式里，你如果说他私么？他是不能承认的。因为当他牺牲族时，他可以为了家，家在他看来是公的。当他牺牲国家为他小团体谋利益，争权利时，他也是为公，为了小团体的公。在差序格局里，公和私是相对而言的，站在任何一圈里，向内看也可以说是公的。其实当西洋的外交家在国际会议里为了自己国家争利益，不惜牺牲世界和平和别国合法权益时，也是这样的。所不同的，他们把国家看成了一个超过一切小组织的团体，为这个团体，上下双方都可以牺牲，但不能牺牲它来成全别种团体。这是现代国家观念，乡土社会中是没有的。

⑩在差序格局中，社会关系是逐渐从一个一个人推出去的，是私人联系的增加，社会范围是一根根私人联系所构成的网络，因之，我们传统社会里所有的社会道德也只在私人联系中发生意义。

（节选自费孝通《乡土中国·差序格局》，有删改）

（1）联系上下文，阐释第②段中“格兰亨姆的公律”的含义。

______

______

______

（2）根据选文内容，适合填入第①段中画线处的语句是（　　）。

A. 不挑担子不知重，不走长路不知远

B. 人善有人欺，马善有人骑

C. 各人自扫门前雪，莫管他人屋上霜

D. 一个篱笆三个桩，一个好汉三个帮

（3）下列关于“差序格局”的表述，不正确的一项是（　　）。

A. “差序格局”中，每个人都是他社会影响所推出去的圈子的中心，固定的时间地点个人圈子一定不相同。

B. “差序格局”以自我为中心，由自己向外推出去，一圈一圈，波及和自己有社会关系的那一群人，它愈推愈薄，关系越来越疏远。

C. “差序格局”中，公和私是相对而言的，公共利益和个人利益没有严格的界限。

D. “差序格局”中，社会关系是私人关系的增加，社会道德只在私人联系中发生意义。

（4）下列理解和分析，不符合原文意思的一项是（　　）。

A. 在中国“差序格局”中，我们的“家”讲人情冷暖，具有伸缩能力，亲属圈子的大小与家庭人口多少有关系。

B. 在西方社会，孩子成年了住在家里得给父母交膳食费，这是“团体格局”意识的体现，他们对谁是团体里的人、谁是团体外的人，分得很清楚。

C. 与中国的“差序格局”相比，西方“团体格局”的主要问题是权利问题，争的是权利，主张团体内各分子的地位相等，个人不能侵犯大家的权利。

D. 在“差序格局”里，公和私是相对而言的，一个人的牺牲是为“公”还是“私”不好确定，站在任何一个圈里，向外看是为私，向内看也可以说是为公。

（5）旅美学者陈心想在《走出乡土》一书中认为，“差序格局”应该算是费孝通最富有创造性的一个概念，可以说是早期“社会学中国学派”的核心概念，也可以帮助西方社会的人们认识自己的社会组织。同时这个概念也属于“理想类型”，为了分析的方便，费孝通把西方社会的社会关系组织方式称为“团体格局”，实际上西方社会同样也有以自己为中心的远近厚薄关系网。你认同陈心想的观点吗？请加以阐释。

____

____

____

（6）费孝通在《乡土中国》中提出的“差序格局”，受到多种西方学术思想的影响，其中受社会人类学家雷德菲尔德和人类学奠基人摩尔根的学说影响最为显著。费氏与雷氏都认为乡土社会基本上由亲属关系构成，亲属关系可向外扩展至所有的社会关系。随着社会变迁与家庭变革，差序格局在以亲属关系为中心的家庭层面却面临着内在冲突和困境。请结合自身经验对此进行探究。

____

____

____

13. 阅读下列材料，回答问题。

材料一：

在这种富于伸缩性的网络里，随时随地是有一个“己”作中心的。这并不是个人主义，而是自我主义。个人是对团体而说的，是分子对全体。在个人主义下，一方面是平等观念，指在同一团体中各分子的地位相等，个人不能侵犯大家的权利；一方面是宪法观念，指团体不能抹杀个人，只能在个人们所愿意交出的一分权利上控制个人。这些观念必须先假定了团体的存在。在我们中国传统思想里是没有这一套的，因为我们所有的是自我主义，一切价值是以“己”作为中心的主义。

（节选自费孝通《乡土中国·差序格局》）

材料二：

古之欲明明德于天下者，先治其国；欲治其国者，先齐其家；欲齐其家者，先修其身；欲修其身者，先正其心；欲正其心者，先诚其意；欲诚其意者，先致其知，致知在格物。物格而后知至，知至而后意诚，意诚而后心正，心正而后身修，身修而后家齐，家齐而后国治，国治而后天下平。

（节选自《礼记·大学》）

材料三：

对费孝通而言，提出“差序格局”这个概念正是要解释中国人“私”的问题。对此，他甚至给出了一个“私”的公式，他说“我常常觉得：‘中国传统社会里一个人为了自己可以牺牲家，为了家可以牺牲党，为了党可以牺牲国，为了国可以牺牲天下。’”费孝通的这个公式的确很好地解释了中国人为什么可以为了小团体而牺牲大团体，但是真的“一个人为了自己可以牺牲家”么？这个问题牵涉到中国人的“私”究竟是什么样的问题。其实早在20世纪上半叶，中国的知识分子间就产生过对“民族自私性”的大讨论，按照当时的区分标准，费孝通所说“一个人为了自己可以牺牲家”属于绝对自私论的一种，这种极端的论断当然与学者们对中国人“不群之恶性”，即缺乏公德心和不关心公共事务的现象所表现出的担忧有关。然而中国人虽然总是被批评没有公德，但似乎从来不缺少“私德”。费孝通在“差序格局”后又置“系维着私人的道德”一章也表明他应该看到了这一点。一方面费孝通认为中国人可以为了小团体而牺牲大团体，可以为了自己而牺牲家庭；另一方面又认为自己与每一种团体间都存在着不同的伦理。而伦理是存在于人际关系之间的，为高位阶的伦理而牺牲低位阶的伦理固然能够理解，但为了个人利益而牺牲家庭伦理的说法可能是存在一定问题的。所以由于伦理在中国的本位地位，绝对自私论对中国而言可能是个伪命题，或许“私德”之说才是“差序格局”的准确内涵。

（节选自肖恒《关于“差序格局”的部分反思、修正和拓展》，有删改）

（1）结合材料一，简要说明为什么“差序格局”不是个人主义，而是自我主义？

____

____

____

（2）下列对材料内容的相关概括和分析，不正确的一项是（　　）。

A. 西方的个人主义和中国的自我主义在于个人是否在团体中，是否平等。

B. 儒家提倡“修身、齐家、治国、平天下”，每个家长让孩子读书的时候都希望孩子有出息，在中国人看来，最大的出息莫过于治国平天下。

C. 在20世纪上半叶对“民族自私性”的大讨论中，“一个人为了自己可以牺牲家”属于绝对自私论的一种。

D. 由于伦理在中国的本位地位，绝对自私论在中国是个伪命题，“私德”之说才是“差序格局”的准确内涵。

(3) 中国素称礼仪之邦，人们一向对此引以为荣，但在《乡土中国》中表明，中国人有良好的私德，但缺少公德心。梁启超也曾提出过一个判断："中国，……偏于私德，而公德殆阙如。"时至今日，这种现象依然困扰着我们。请结合本章内容和上述三则材料分析这种现象产生的原因，并阐释在中国乡土社会中真的没有公德吗。

五、写作

14. 在传统乡土社会里，亲属关系往往与地缘关系重叠交叉，真正构成了差序格局的形成条件。俗语中有"远亲不如近邻"的说法，成语中有"以邻为壑"，邻里关系是不可回避的社会关系。随着社会的发展，当下不论是城市的社区还是乡村的村落，邻里关系都发生了变化。请就对于如何认识、处理"邻里关系"任选一个角度简要谈谈你的看法。

要求：自拟题目；不少于 400 字。

15. 中国有句古话，叫"各人自扫门前雪，莫管他人屋上霜"，指每人只管自己的事，不管别人的事。自己的事自己肯定要管，别人的事该不该管呢？请写篇文章谈谈你的看法。

要求：自拟标题，不少于 800 字。

《系维着私人的道德》巩固练习

一、填空题

1. 在“团体格局”中，道德的基本观念建筑在______和______的关系上。我们如果要了解西洋的“团体格局”社会中的道德体系，决不能离开他们的______观念的。差序格局中道德体系的出发点是“__________”，“壹是皆以修身为本”。

2. 差序格局中，社会范围是从“己”推出去的，而推的过程里有着各种路线，最基本的是亲属：亲子和同胞，相配的道德要素是______和______。向另一路线推是朋友，相配的是__________。

二、选择题

3. 将下列编号的语句依次填入语段空白处，语意连贯的一项是(　　)。

可是上帝是在冥冥之中，正象征团体无形的实在；但是在执行团体的意志时，还得有人来代理。______。______，______，______，______。这上帝和牧师、国家和政府的分别是不容混淆的。

①都是“代理者”

②“代理者”Minister是团体格局的社会中一个基本的概念

③执行上帝意志的牧师是Minister

④而不是神或团体的本身

⑤执行团体权力的官吏也是Minister

A. ③⑤①④②　　B. ②③⑤①④

C. ⑤③①②④　　D. ②④③⑤①

4. 在《乡土中国》中费孝通认为：“中国的道德和法律，都因之得看所施的对象和‘自己’的关系而加以程度上的伸缩。”下列选项中符合这一观点的是(　　)。

A.《红楼梦》——葫芦僧乱判葫芦案

B.《西游记》——真假孙悟空

C.《水浒传》——鲁智深拳打镇关西

D.《三国演义》——诸葛亮挥泪斩马谡

三、简答题

5. 什么是道德观念？差序格局下的道德观念有何特点？

四、拓展阅读

6. 阅读下列材料，回答问题。

①中国乡土社会的基层结构是一种我所谓“差序格局”，是一个“一根根私人联系所构成的网络”。这种格局和现代西洋的“团体格局”是不同的。在团体格局里个人间的联系靠着一个共同的架子；先有了这架子，每个人结上这架子，而互相发生关联。在他们，“团体”是生活的前提。可是在一个安居的乡土社会，人们并不显著地需要一个经常的和广被的团体。

②社会结构格局的差别引起了不同的道德观念。在“团体格局”中，道德的基本观念建筑在团体和个人的关系上。团体是个超于个人的“实在”，对个人的关系就象征在神对于信徒的关系中，是个有赏罚的裁判者，是个公正的维持者，是个全能的保护者。我们如果要了解西洋的“团体格局”社会中的道德体系，决不能离开他们的宗教观念的。宗教的虔诚和信赖不但是他们道德观念的来源，而且是团体的象征。在象征着团体的神的观念下，有着两个重要的派生观念：一是每个个人在神前的平等；一是神对每个个人的公道。

③与此相反，在以自己作中心的社会关系网络中，最主要的自然是“克己复礼”，“壹是皆以修身为本”——这是差序格局中道德体系的出发点。从己向外推以构成的社会范围是一根根私人联系，每根绳子被一种道德要素维持着。社会范围是从“己”推出去的，而推的过程里有着各种路

线，最基本的是亲属：亲子和同胞，相配的道德要素是孝和悌。向另一路线推是朋友，相配的是忠信。孔子曾总结说："弟子入则孝，出则悌，谨而信，泛爱众，而亲仁。"

④在差序格局中并没有一个超乎私人关系的道德观念，孝、悌、忠、信都是私人关系中的道德要素。但是孔子却常常提到"仁"字，一方面他一再地要给仁字明白的解释，而另一方面却又屡次对于这种道德要素"欲说还止"。每当他积极地说明仁字是什么时，他却退到了"克己复礼为仁""恭宽信敏惠"这一套私人间的道德要素了。孔子的困难是在"团体"组合并不坚强的中国乡土社会中并不容易具体地指出一个笼罩性的道德观念来。以私人关系维系的社会形态中，仁这个观念只是逻辑上的总合，一切私人关系中道德要素的共相。所以凡是要具体说明时，还得回到"孝悌忠信"那一类的道德要素。

⑤不但在我们传统道德系统中没有一个像基督教里那种不分差序的爱的观念，而且我们也很不容易找到个人对于团体的道德要素。在西洋团体格局的社会中，公务，履行义务，是一个清楚明白的行为规范。而这在中国传统中是没有的。现在我们有时把"忠"字抬出来放在这位置上，但中国传统意义上的忠君并不是个人与团体的道德要素，而依旧是对君私人之间的关系。团体道德的缺乏，在公私的冲突里更看得清楚，就是负有政治责任的君王，也得先完成他私人间的道德。

⑥一个差序格局的社会，是由无数私人关系搭成的网络。这网络的每一个结都附着一种道德要素，因之，传统的道德里不另找出一个笼统性的道德观念来，所有的价值标准也不能超脱于差序的人伦而存在了。中国的道德和法律，都因之得看所施的对象和"自己"的关系而加以程度上的伸缩。

（节选自费孝通《乡土中国·系维着私人的道德》，有删改）

（1）下列对文章内容的理解和分析，不正确的一项是（　　）。

A. 中国乡土社会的基层结构是私人和私人之间的关系；现代西洋社会的结构则是个人通过团体发生相互的联系。

B. 在西洋"团体格局"中，团体对于个人承担着有赏罚的裁判者、公正的维持者、全能的保护者的责任。

C. 中国传统道德中的“忠”，既指对朋友忠信，又指忠君，虽然也包含私人间的关系，但最接近公共的道德观念。

D. 中国乡土社会是“差序格局”的社会，传统中国的道德和法律在施行时很大程度上会受到私人关系的影响。

(2) 作者为什么认为孔子经常提到的“仁”无法成为个人对团体的普遍的道德观念？请简要概括。

(3) “在以自己作中心的社会关系网络中，最主要的自然是‘克己复礼’，‘壹是皆以修身为本’——这是差序格局中道德体系的出发点。”你是如何理解“克己复礼”的？你认为当今社会是否还需要人们“克己复礼”？请简述你的观点。

7. 阅读下列材料，回答问题。

材料一：

不但在我们传统道德系统中没有一个像基督教里那种“爱”的观念——不分差序的兼爱；而且我们也很不容易找到个人对于团体的道德要素。在西洋团体格局的社会中，公务，履行义务，是一个清楚明白的行为规范。而这在中国传统中是没有的。

（节选自费孝通《乡土中国·系维着私人的道德》）

材料二：

上主，我们的天主是唯一的天主；你应当全心、全灵、全意、全力爱上主，你的天主。……你应当爱近人如你自己。

（节选自《马尔谷福音》）

材料三：

臣子之不孝君父，所谓乱也。子自爱不爱父，故亏父而自利；弟自爱不爱兄，故亏兄而自利；臣自爱不爱君，故亏君而自利，此所谓乱也。……父自爱也不爱子，故亏子而自利；兄自爱也不爱弟，故亏弟而自利；君自爱也不爱臣，故亏臣而自利。是何也？皆起不相爱。……大夫各爱其家，不爱异家，故乱异家以利其家；诸侯各爱其国，不爱异国，故攻异国以利其国，天下之乱物具此而已矣。察此何自起？皆起不相爱。

（节选自《墨子·兼爱上》）

夫爱人者，人必从而爱之；利人者，人必从而利之；恶人者，人必从而恶之；害人者，人必从而害之。

（节选自《墨子·兼爱中》）

天下之人皆相爱，强不执弱，众不劫寡，富不侮贫，贵不敖贱，诈不欺愚。凡天下祸篡怨恨，可使毋起者，以相爱生也，是以仁者誉之。

（节选自《墨子·兼爱中》）

结合上述材料，分析墨子的"兼爱"思想与基督教里的"兼爱"思想的不同之处？

____

____

____

五、写作

8. 认真阅读并全面理解下列材料，选取一个侧面、一个角度构思作文。自主确定立意，自定文体，自拟标题，但不要脱离材料内容及其含意范围作文。

材料一：

孔子有个学生看到一个孩子掉进湍急的河里，就奋不顾身地跳下去把他救上来。这个小孩的父亲送他一头牛表示感谢，他高兴地接受了。大家议论纷纷，认为他太贪心。孔子却对他说，你做得对，因为你的行为向社会宣告：只要冒着危险救了人，无论多大的奖赏都可以收下，这样可以鼓励更多的人去救人。

材料二：

春秋时，鲁国政府有一条规定，鲁国人到国外旅行，凡是看见在外国沦为奴隶的本国人，可以先垫钱把他赎回来，回国后再到政府去报账。孔子的一个学生赎人后却没有去报账，人们夸他品格高尚。孔子却严厉地批评他，说他的行为妨碍了更多的鲁国奴隶被赎回来，因为人们假如垫钱赎了奴隶，不报账自己会蒙受损失，而报账了则说明自己的品格不如孔子的学生，于是以后只好假装没有看见。

《家族》《男女有别》巩固练习

一、填空题

1. 一切社群都属于______性质，譬如钱会，即是赍，显然是属团体格局的；我在这个分析中只想从主要的格局说，在中国乡土社会中，______和______的组织是比较的重要。

2. 乡土社会中家的大小变异可以很甚。但不论大小上差别到什么程度，结构原则上却是______的、______的差序格局。

3. 斯宾格勒在《西方陆沉论》里曾说西洋曾有两种文化模式，这两种文化观很可以用来了解乡土社会和现代社会在感情定向上的差别。乡土社会是______的，而现代社会是______的。

4. 乡土社会中“家庭”的团结受到了这同性组合的影响，不易巩固。于是家族代替了家庭，家族是以______为主，______为辅的单系组合。中国乡土社会里，以______为基本社群，是同性原则较异性原则为重要的表示。

二、选择题

5.《家族》一文中，作者认为“在中国的家庭里有家法，在夫妇间得相敬，女子有着‘三从四德’的标准，亲子间讲究负责和服从”。下列现象不符合这一观点在古代社会的表现的是（　　）。

A. 举案齐眉　　B. 相敬如宾

C. 夫唱妇随　　D. 夫荣妻贵

6. 依次填入下面一段文字横线处的语句，衔接最恰当的一组是（　　）。

家族在结构上包括家庭，______________不能说它不存在，但也不能说它自成一个独立的单位，不是一个团体。

①因为亲属的结构的基础是亲子关系，

②父母子的三角。

③但是包括在家族中的家庭只是社会圈子中的一轮，

④家族是从家庭基础上推出来的。

⑤最小的家族也可以等于家庭。

A. ④⑤①②③　　B. ⑤④①②③

C. ⑤①②④③　　D. ④⑤③①②

三、判断题

7. 家庭、氏族、邻里、街坊、村落、钱会都属于团体格局。（　　）

8. 在乡土社会中，构成大家庭的条件在结构上而不是人数上。（　　）

9. 在中国乡土社会中，家这社群里的分子可以依需要，沿亲属差序向外扩大。但是在结构上扩大的路线却有限制，就是只包括父系这一方面。（　　）

10. 在乡土社会中，男女授受不亲和男女心灵上的隔离有助于保持稳定的社会关系。（　　）

11. 在乡土社会中，同性组合的家庭为基本社群，决定着异性组合家庭的团结。（　　）

四、简答题

12. 请简述乡土社会中“家族”这个社群有哪些特点。

____

____

____

13. 请简述乡土社会中男女有别的原则。

____

____

____

14. 乡土社会中家的扩大路线是单系的，只包括父系这一方面，但并不限于亲子，在父系方面可以扩大得很远。下图是以《红楼梦》中荣国府为中心的贾家人物关系图，请结合上述概念完成表格填空。

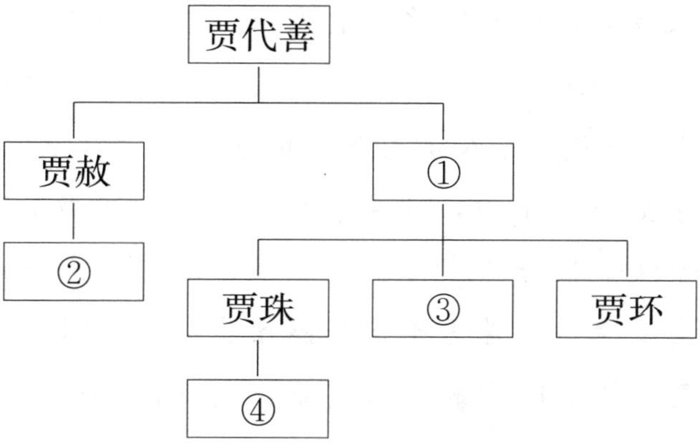

《红楼梦》贾家人物关系图

五、拓展阅读

15. 阅读下列材料，回答问题。

材料一：

①譬如有一位朋友看过我那一章的分析之后，曾摇头说，他不能同意我说中国乡土社会里没有团体。他举出了家庭、氏族、邻里、街坊、村落，这些不是团体是什么？显然我们用同一名词指着不同的实体。我为了要把结构不同的两类“社群”分别出来，所以把团体一词加以较狭的意义，只指由团体格局中所形成的社群，用以和差序格局中所形成的社群相区别；后者称之作“社会圈子”，把社群来代替普通所谓团体。社群是一切有组织的人群。在那位朋友所列举的各种社群中，大体上都属于我所谓社会圈子的性质。在这里我可以附带说明，我并不是说中国乡土社会中没有“团体”，一切社群都属于社会圈子性质，譬如钱会，即是赍，显然是属团体格局的；我在这个分析中只想从主要的格局说，在中国乡土社会中，差序格局和社会圈子的组织是比较的重要。

②在中国的家庭里有家法，在夫妇间得相敬，女子有着“三从四德”的标准，亲子间讲究负责和服从。这些都是事业社群里的特色。

③不但在大户人家，书香门第，男女有着闺内闺外的隔离，就是在乡村里，夫妇之间感情的淡漠也是日常可见的现象。我在乡间调查时特别注

意过这问题，后来我又因疏散下乡，和农家住在一所房子里很久，更使我认识了这事实。我所知道的乡下夫妇大多是“用不着多说话的”，“实在没有什么话可说的”。一早起各人忙着各人的事，没有工夫说闲话。出了门，各做各的。妇人家如果不下田，留在家里带孩子。工做完了，男子们也不常留在家里，男子汉如果守着老婆，没出息。有事在外，没事也在外。茶馆，烟铺，甚至街头巷口，是男子们找感情上安慰的消遣场所。在那些地方，大家有说有笑，热热闹闹的。回到家，夫妇间合作顺利，各人好好地按着应做的事各做各的。做得好，没事，也没话；合作得不对劲，闹一场，动手动脚，说不上亲热。这些观察使我觉得西洋的家和我们乡下的家，在感情生活上实在不能并论。乡下，有说有笑，有情有意的是在同性和同年龄的集团中，男的和男的在一起，女的和女的在一起，孩子们又在一起，除了工作和生育事务上，性别和年龄组间保持着很大的距离。这决不是偶然的，在我看来，这是把生育之外的许多功能拉入了这社群中去之后所引起的结果。中国人在感情上，尤其是在两性间的矜持和保留，不肯像西洋人一般的在表面上流露，也是在这种社会圜局中养成的性格。

（节选自费孝通《乡土中国·家族》）

材料二：

①把浮士德式的两性恋爱看成是进入生育关系的手段是不对的。恋爱是一项探险，是对未知的摸索。这和友谊不同，友谊是可以停止在某种程度上的了解，恋爱却是不停止的，是追求。这种企图并不以实用为目的，是生活经验的创造，也可以说是生命意义的创造，但不是经济的生产，不是个事业。恋爱的持续依赖于推陈出新，不断地克服阻碍，也是不断地发现阻碍，要得到的是这一个过程，而不是这过程的结果。从结果说可以是毫无成就的。非但毫无成就，而且使社会关系不能稳定，使依赖于社会关系的事业不能顺利经营。依现代文化来看，男女间感情激动的发达已使生育的事业摇摇欲坠。这事业除非另外设法，由社会来经营，浮士德式的精神的确在破坏这社会上的基本事业。

②在乡土社会中这种精神是不容存在的。它不需要创造新的社会关系，社会关系是生下来就决定的。它更害怕社会关系的破坏，因为乡土社会所

求的是稳定。它是亚普罗式的。男女间的关系必须有一种安排，使他们之间不发生激动性的感情。那就是男女有别的原则。“男女有别”是认定男女间不必求同，在生活上加以隔离。这隔离非但是有形的，所谓男女授受不亲，而且还是在心理上的，男女只在行为上按着一定的规则经营分工合作的经济和生育的事业，他们不向对方希望心理上的契洽。

（节选自费孝通《乡土中国·男女有别》）

（1）下列对材料内容的理解，不正确的一项是（　　）。

A. 为了方便比较，作者把团体一词狭义到由团体格局中所形成的社群，所以家庭、氏族、邻里、街坊、村落不是作者所说的团体，而是社会圈子。

B. 差序格局和团体格局本是社会结构的基本形式，但西洋社会不存在差序格局，中国社会也不存在团体格局。

C. 中国人在感情上，尤其是在两性间的矜持和保留，不肯像西洋人一般的在表面上流露，也是乡土社会的差序格局使然。

D. 感情，尤其是男女间的爱情会破坏人与人之间关系的稳定。乡土社会所求的是稳定，社会关系是生下来就决定的，所以不容存在浮士德式的两性恋爱。

（2）请简述材料一第③段中论证方法的作用。

____

____

____

（3）根据材料二，简要分析乡土社会中为什么不容“浮士德式”的两性恋爱精神的存在？

____

____

____

六、写作

16. 子曰：“父母在，不远游，游必有方。”这句话出自《论语》中的

《里仁》这一篇。意思是孔子说："父母在世，不出远门。如果出远门，必须有一定的去处。"方，在这里是指方向、地方、处所。

有人认为这句话在当今社会仍然有着现实意义，但也有人不以为然。你怎么看？

《礼治秩序》《无讼》巩固练习

一、填空题

1. 法律是靠______来推行的；道德是______所维持的；礼是经过教化过程而成为______的服膺于传统的习惯。

2. 乡土社会是“礼治”的社会，所谓礼治就是对________________的服膺，这种秩序注重修身，注重克己。

二、选择题

3. 依次填入下面一段文字横线处的语句，衔接最恰当的一组是(　　)。

礼是社会公认合式的行为规范。________________法律是靠国家的权力来推行的。而礼却不需要这有形的权力机构来维持。

①如果单从行为规范一点说，

②合于礼的就是说这些行为是做得对的，

③本和法律无异，

④对是合式的意思。

⑤法律也是一种行为规范。

⑥礼和法不相同的地方是维持规范的力量。

A. ①②④③⑤⑥　　B. ②④①③⑤⑥

C. ③⑤①②④⑥　　D. ⑥①②④③⑤

三、判断题

4. 乡土社会是“礼治”的社会，所以“无法”并不影响这社会的秩序。(　　)

5. 礼是从教化中养成了个人的敬畏之感，使人服膺；人服礼是主动的，并不是靠一个外在的权力来推行的。(　　)

6. 乡土社会中，长期的教育已把外在的规则化成了内在的习惯，所以

维持礼俗的力量不仅靠身外的权力，更在于身内的良心。（　　）

7. 乡土社会是安土重迁的，生于斯、长于斯、死于斯的社会，所以个人不但可以信任自己的经验，而且同样可以信任若祖若父的经验。（　　）

8. 中国正处在从乡土社会蜕变的过程中，原有对诉讼的观念还是很坚固地存留在广大的民间，因此现代的司法不能在乡土社会推行。（　　）

四、简答题

9. 封建时代，帝王经常凌驾于法律之上，很多时候甚至仅靠皇帝一个人的意愿来做决定。但诸如“十二铜表法”“商鞅立信”等，都是事先立了规矩，再向社会宣告颁布，令出必行，包括立法者自己，也要坚决遵守。可孔子主张“以礼治国”，荀子也说：“礼者……贵贱有等，长幼有差，贫富轻重，皆有称者也。……人无礼则不生，事无礼则不成，国无礼则不宁。”

（1）结合上述现象，简述“法治”和“礼治”的概念以及二者之间的区别。

____

____

____

（2）请简要概括“法律”“道德”和“礼”三者的不同。

____

____

____

10. 俗话说“冤家宜解不宜结”“八字衙门朝南开，有理无钱莫进来”，发生纠纷时，百姓往往首先考虑的不是去官府，而是靠族长或村里有威望的老者解决，这就是“无讼”现象。

简述什么是“无讼”，它反映出乡土社会怎样的特点？

____

____

____

五、拓展运用

11. 有一则新闻报道：两岁半的小孩突发高烧、身体抽搐，女司机闯红灯送人就医，交警对其交通违法行为依法予以消除。今天在一些地方，还保留着“族长拥有特权，可越过司法机关动用私刑”“过度婚闹”等情形。请问，你怎么看待这些现象？试结合本章内容，从“情”“礼”和“法”之间的关系简要分析。

____

____

____

六、拓展阅读

12. 阅读下列材料，回答问题。

材料一：

让我先说明，礼治社会并不是指文质彬彬，像《镜花缘》里所描写的君子国一般的社会。礼并不带有“文明”或是“慈善”，或是“见了人点个头”、不穷凶极恶的意思。礼也可以杀人，可以很“野蛮”。譬如在印度有些地方，丈夫死了，妻子得在葬礼里被别人用火烧死，这是礼。又好像在缅甸有些地方，一个人成年时，一定要去杀几个人头回来，才能完成为成年礼而举行的仪式。我们在旧小说里也常读到杀了人来祭旗，那是军礼。——礼的内容在现代标准看去，可能是很残酷的。残酷与否并非合礼与否的问题。“子贡欲去告朔之饩羊。子曰，赐也，尔爱其羊，我爱其礼。”恻隐之心并没有使孔子同意于取消相当残忍的行为。

（节选自费孝通《乡土中国·礼治秩序》，有删改）

材料二：

①礼并不是靠一个外在的权力来推行的，而是从教化中养成了个人的敬畏之感，使人服膺；人服礼是主动的。礼是可以为人所好的，所谓“富于好礼”。孔子很重视服礼的主动性，在下面一段话里说得很清楚。

②颜渊问仁。子曰：“克己复礼为仁。一日克己复礼，天下归仁焉。为

仁由己，而由人乎哉?”颜渊曰，“请问其目。”子曰，“非礼勿视，非礼勿听，非礼勿言，非礼勿动。”颜渊曰，“回虽不敏，请事斯语矣。”

③这显然是和法律不同了，甚至不同于普通所谓道德。法律是从外限制人的，不守法所得到的罚是由特定的权力所加之于个人的。人可以逃避法网，逃得脱还可以自己骄傲、得意。道德是社会舆论所维持的，做了不道德的事，见不得人，那是不好；受人吐弃，是耻。礼则有甚于道德：如果失礼，不但不好，而且不对、不合、不成。这是个人习惯所维持的。十目所视，十手所指的，即使在没有人的地方也会不能自已。曾子易箦是一个很好的例子。礼是合式的路子，是经教化过程而成为主动性的服膺于传统的习惯。

（节选自费孝通《乡土中国·礼治秩序》，有删改）

材料三：

①在中国传统的差序格局中，原本不承认有可以施行于一切人的统一规则，而现行法却是采用个人平等主义的。这一套已经使普通老百姓不明白，在司法制度的程序上又是隔膜到不知怎样利用。在乡间普通人还是怕打官司的，但是新的司法制度却已推行下乡了。那些不容于乡土伦理的人物从此却找到了一种新的保障。他们可以不服乡间的调解而告到司法处去。当然，在理论上，这是好现象，因为这样才能破坏原有的乡土社会的传统，使中国能走上现代化的道路。但是事实上，在司法处去打官司的，正是那些乡间所认为“败类”的人物。依着现行法去判决（且把贪污那一套除外)，时常可以和地方传统不合。乡间认为坏的行为却正可以是合法的行为，于是司法处在乡下人的眼光中成了一个包庇作恶的机构了。

②现行的司法制度在乡间发生了很特殊的副作用，它破坏了原有的礼治秩序，但并不能有效地建立起法治秩序。法治秩序的建立不能单靠制定若干法律条文和设立若干法庭，重要的还得看人民怎样去应用这些设备。更进一步，在社会结构和思想观念上还得先有一番改革。如果在这些方面不加以改革，单把法律和法庭推行下乡，结果法治秩序的好处未得，而破坏礼治秩序的弊病却已先发生了。

（节选自费孝通《乡土中国·无讼》）

(1) 下列对材料一、材料二中内容的理解，不正确的一项是（　　）。

A. 礼是乡土社会公认合式的行为规范，尽管礼的内容有时是残酷的，但残酷与否并非合礼与否的问题。

B. 人服礼是主动的，礼不是靠一个外在的权力来推行的，而是从教化中养成了个人的敬畏之感，使人服膺。

C. 法律是从外限制人的，相比较而言，礼治社会比法治社会更为优越，因为礼治社会是靠礼来维持秩序的。礼是个人习惯所维持的。

D. 因为乡土社会是"礼治"的社会，所以乡土社会的"无法"并不影响社会的秩序。

(2) 在《乡土中国·礼治秩序》中，作者引用了"子贡欲去告朔之饩羊""颜渊问仁"的材料和"曾子易箦"的故事，结合材料一、材料二，谈谈你对古人主动服礼现象的看法。

____

____

____

(3) 根据材料三，分析作者认为在乡间推进司法制度的意义和副作用是什么。你认为如何才能更好地推行现代司法？

____

____

____

七、写作

13. 生活中有不少的仪式，如成人仪式、结婚庆典、校庆典礼等。有人说仪式是必要的，仪式感使人摆脱了日常的平庸琐碎，获得了庄严神圣的体验；也有人认为现有的不少仪式裹挟着各种利益，沦为形式主义，缺乏应有的内涵。对此，你有什么看法，请阐明理由，并提出相应的解决措施，写一篇议论文。

14. 生活中，有的人为人处世坦荡、直率，也有的人遇事内敛、克制。

当你的内心想法与现有的道德规范发生冲突时，你是会选择尊崇内心、做一个真实的自我，还是会尊崇外在规范、做一个克制的人？请写一篇文章，谈谈你对这个问题的认识和思考。

《无为政治》《长老统治》《名实的分离》巩固练习

一、填空题

1. 费孝通认为社会权力共有四种形式：一是在社会冲突中所发生的__________；二是在社会合作中所发生的__________；三是在社会继替中所发生的__________；四是在社会变迁中所发生的__________。

2. 权力之所以引诱人，最主要的应当是__________。在同意权力下，握有权力者并不是为了要保障自身特殊的利益，所以社会上必须用荣誉和高薪来延揽。

3. 在我们亲属称谓中，__________是一个极重要的原则，也是分划中国亲属制度中最基本的原则，有时可以掩盖世代原则。

4.《名实的分离》一文中说道“__________是维持长老权力的形式而注入变动的内容”。它的变动方式可以引起名实之间极大的分离。

二、选择题

5. 下列各选项中，有语病的一项是(　　)。

A. 每个要在这逆旅里生活的人就得接受一番教化，使他能在这些众多规律下，从心所欲而不碰着铁壁。

B. 于是在熟人中，我们话也少了，我们“眉目传情”，我们“指石相证”，我们抛开了比较间接的象征原料，而求更直接的会意了。

C. 大观园旅游纪念品商场里摆满了名人字画、根雕作品、导游地图、古玩、配饰等多种工艺品，琳琅满目，美不胜收。

D. 在长老权力下，传统的形式是不准反对的，但是只要表面上承认这形式，内容却可以经注释而改变。结果不免是口是心非。

6. 将下列编号的语句依次填入语段空白处，衔接最恰当的一组是(　　)。

在变化很少的社会里，文化是稳定的，很少新的问题，生活是一套传统的办法。____________________“为民父母”是爸爸式权力的意思。

①“苛政猛于虎”的政是横暴性的，“为政以德”的政是教化性的。

②也是这种社会，人的行为有着传统的礼管束着，

③事实上固然并没有这种社会，但是乡土社会却是靠近这种标准的社会。

④“为政不在多言”“无为而治”都是描写政治活动的单纯。

⑤如果我们能想象一个完全由传统所规定下的社会生活，这社会可以说是没有政治的，有的只是教化。

⑥儒家很有意思想形成一个建筑在教化权力上的王者；他们从没有热心于横暴权力所维持的秩序。

A. ④①②⑤⑥③　　B. ②⑥⑤③④①

C. ⑤③④②⑥①　　D. ⑤⑥③②④①

7. 将下列编号的语句依次填入语段空白处，语意连贯的一项是(　　)。

教化性的权力虽则在亲子关系里表现得最明显，但并不限于亲子关系。凡是文化性的，不是政治性的强制都包含这种权力。__________文化的基础必须是同意的，但文化对于社会的新分子是强制的，是一种教化过程。

①当一个社会还没有共同接受一套规范，

②凡是被社会不成问题地加以接受的规范，

③文化和政治的区别就在这里：

④各种意见纷呈，

⑤是文化性的；

⑥求取临时解决办法的活动是政治。

A. ③②⑤①④⑥　　B. ⑥②⑤①④③

C. ②⑤①④⑥③　　D. ①④⑥②⑤③

8.《长老统治》一文中说，社会继替是指社会成员新陈代谢的过程。生死无常，人寿有限；从个人说这个世界不过是个逆旅，寄寓于此的这一阵子，久暂相差不远。下列选项中与上述观点无关的是（　　）。

A. 人生如逆旅，我亦是行人。——苏轼《临江仙·送钱穆父》

B. 夫天地者，万物之逆旅也；光阴者，百代之过客也。——李白《春夜宴从弟桃花园序》

C. 圣人之生也天行，其死也物化；静而与阴同德，动而与阳同波。——《庄子》

D. 天行健，君子以自强不息。——《易传》

9. “长老统治”的许多内容至今仍然存续于中国社会中，以下不属于“长老统治”的表现的是（　　）。

A. 发生纠纷时通过熟人或有地位的人进行调解

B. 对于年长的人的恭顺

C. 精英管理

D. 家长权力

三、简答题

10. 历史上很多皇帝都推行过“无为而治”的政策，如汉景帝时期，实行轻徭薄赋、与民休息的政策；唐太宗时期，魏徵在《谏太宗十思疏》中说：“文武并用，垂拱而治。”请简述什么是“无为而治”。乡土社会中的“长老统治”又是什么？

11.《乡土中国》中第十三篇文章的题目为《名实的分离》，但作者却用大量篇幅去讲“时势权力”，这是为什么？请简要概述原因。

四、拓展阅读

12. 阅读下列材料，回答问题。

材料一：

①从社会冲突一方面着眼的，权力表现在社会不同团体或阶层间主从的形态里。在上的是握有权力的，他们利用权力去支配在下的，发施号令，

以他们的意志去驱使被支配者的行动。权力，依这种观点说，是冲突过程的持续，是一种休战状态中的临时平衡。冲突的性质并没有消弭，但是武力的阶段过去了，被支配的一方面已认了输，屈服了。但是他们并没有甘心接受胜利者所规定下的条件，非心服也。于是两方面的关系中发生了权力。权力是维持这关系所必需的手段，它是压迫性质的，是上下之别。从这种观点看去，政府，甚至国家组织，凡是握有这种权力的，都是统治者的工具。跟下去还可以说，政府，甚至国家组织，只存在于阶级斗争的过程中。如果有一天“阶级斗争”的问题解决了，社会上不分阶级了，政府，甚至国家组织，都会像秋风里的梧桐叶一般自己凋谢落地。——这种权力我们不妨称之为横暴权力。

②从社会合作一方面着眼的，却看到权力的另一性质。社会分工的结果使得每个人都不能“不求人”而生活。分工对于每个人都是有利的，因为这是经济的基础，人可以花费较少劳力得到较多收获；劳力是成本，是痛苦的；人靠了分工，减轻了生活担子，增加了享受。享受固然是人所乐从的，但贪了这种便宜，每个人都不能自足了，不能独善其身，不能不管“闲事”，因为如果别人不好好地安于其位地做他所分的工作，就会影响自己的生活。这时，为了自己，不能不干涉人家了。同样，自己如果不尽其分，也会影响人家，受着人家的干涉。这样就发生了权利和义务，从干涉别人一方面说是权利，从自己接受人家的干涉一方面说是义务。各人都有维持各人的工作、维持各人可以互相监督的责任。没有人可以“任意”依自己高兴去做自己想做的事，而得遵守着大家同意分配的工作。可是这有什么保障呢？如果有人不遵守怎么办呢？这就发生了共同授予的权力。这种权力的基础是社会契约，是同意。社会分工愈复杂，这权力也愈扩大。如果不愿意受这种权力的限制，只有回到“不求人”的境界里去做鲁滨孙，那时才真的顶天立地。不然，也得“小国寡民”以减少权力。再说得清楚些，得抛弃经济利益，不讲享受，像人猿泰山一般回到原始生活水准上去。不然的话，这种权力也总解脱不了。——这种权力我们不妨称之为同意权力。

（节选自费孝通《乡土中国·无为政治》）

材料二：

①在乡土社会中，把横暴权力所加上的一层“政府”的统治揭开，在传统的无为政治中这层统治本是并不很强的，基层上所表现出来的也并不完全是许多权利上相等的公民共同参与的政治。这里正是讨论中国基层政治性质的一个谜。有人说中国虽没有政治民主，却有社会民主。也有人说中国政治结构可分为两层，不民主的一层压在民主的一层上边。这些看法都有一部分近似；说近似而不说确当是因为这里还有一种权力，既不是横暴性质，也不是同意性质；既不是发生于社会冲突，也不是发生于社会合作；它是发生于社会继替的过程，是教化性的权力，或是说爸爸式的，英文里是 Paternalism。

②在乡土社会的权力结构中，虽则有着不民主的横暴权力，也有着民主的同意权力，但是在这两者之外还有教化权力，后者既非民主又异于不民主的专制，是另有一工的。所以用民主和不民主的尺度来衡量中国社会，都是也都不是，都有些像，但都不确当。一定要给它一个名词的话，我一时想不出比长老统治更好的说法了。

（节选自费孝通《乡土中国·长老统治》，有删改）

材料三：

①现在我又想提出第四种权力，这种权力发生在激烈的社会变迁过程之中。社会继替是指人物在固定的社会结构中的流动；社会变迁却是指社会结构本身的变动。这两种过程并不是冲突的，而是同时存在的，任何社会决不会有一天突然变出一个和旧有结构完全不同的样式，所谓社会变迁，不论怎样快，也是逐步的；所变的，在一个时候说，总是整个结构中的一小部分。因之从这两种社会过程里所发生出来的两种权力也必然同时存在。但是它们的消长却互相关联。如果社会变动得慢，长老权力也就更有势力；变得快，“父不父，子不子”的现象就会发生，长老权利也会随着缩小。

②这样说来社会变迁常是发生在旧有社会结构不能应付新环境的时候。新的环境发生了，人们最初遭遇到的是旧方法不能获得有效的结果，生活上发生了困难。人们不会在没有发觉旧方法不适用之前就把它放弃的。旧的生活方法有习惯的惰性。但是如果它已不能答复人们的需要，它终必会

失去人们对它的信仰，守住一个没有效力的工具是没有意义的，会引起生活上的不便，甚至蒙受损失。另一方面，新的方法却又不是现存的，必须有人发明，或是有人向别种文化去学习，输入，此外，还得经过试验，才能被人接受，完成社会变迁的过程。在新旧交替之际，不免有一个惶惑、无所适从的时期，在这个时期，心理上充满着紧张、犹豫和不安。这里发生了“文化英雄”，他提得出办法，有能力组织新的试验，能获得别人的信任。这种人可以支配跟从他的群众，发生了一种权力。这种权力和横暴权力并不相同，因为它并不是建立在剥削关系之上的；和同意权力又不同，因为它并不是由社会所授权的；和长老权力更不同，因为它并不根据传统的。它是时势所造成的，无以名之，名之曰时势权力。

③这种时势权力在初民社会中常可以看到。乡土社会，当它的社会结构能答复人们生活的需要时，是一个最容易安定的社会，因之它也是一个很少“领袖”和“英雄”的社会。但是传统的代表是要死亡的，而且自己在时间过程中也会进入长老的地位。如果社会变迁的速率慢到可以和世代交替的速率相等，亲子之间，或是两代之间，不致发生冲突，传统自身慢慢变，还是可以保持长老的领导权。这种社会也就不需要“革命”了。

④从整个社会看，一个领导的阶层如果能追得上社会变迁的速率，这社会也可以避免因社会变迁而发生的混乱。英国是一个很好的例子。很多人羡慕英国能不流血而实行种种富于基本性的改革，但很多人都忽略了他们所以能这样的条件。英国在过去几个世纪中，就整个世界的文化来说是处于领导地位，它是工业革命的老家。英国社会中的领导阶层却又是最能适应环境变动的，环境变动的速率和领导阶层适应变动的速率配得上才不致发生流血的革命。英国是否能保持这个纪录，还得看他们是否能保持这种配合。

（节选自费孝通《乡土中国·名实的分离》，有删改）

（1）下列对材料一、材料二的理解和分析，不符合原文意思的一项是（　　）。

A. 横暴权力和经济利益的关系更为密切，统治者要用暴力来维持他们的地位以及经济利益。

B. 同意权力的基础是社会契约，在此基础上共同授予一部分人干涉他人的权力。

C. 乡土社会是安稳的社会，没有社会冲突，其权力结构以同意权力为主。

D. 乡土社会的权力结构中，有不民主的横暴权力，也有民主的同意权力，在这两者之外还有教化权力，后者既非民主又异于不民主的专制。

（2）下列对材料三的内容理解和分析，不正确的一项是（　　）。

A. 社会继替和社会变迁的过程是同时存在的。

B. 在新旧交替之际，不免有一个遑惑、无所适从的时期，在这个时期，心理上充满着紧张、犹豫和不安。“文化英雄”应运而生。

C. 时势权力在初民社会中常可以看到。而乡土社会是一个最容易安定的社会，因此是不会有“领袖”和“英雄”的社会。

D. 一个领导的阶层如果能追得上社会变迁的速率，这社会也可以避免因社会变迁而发生的混乱。英国就是很好的例子。

（3）结合上述材料，概述社会权力的四种形式。

（4）结合画线句，赏析材料二的语言特点。

（5）在乡土社会中，长老是怎样发挥作用的？

（6）材料三中作者以英国能够不流血而实行了种种富于基本性的改革的例子，来说明一个领导的阶层如果能够追得上社会变迁的速率，这个社会也可以避免因为社会变迁而发生混乱，才不至于发生流血的革命。一百多年之前，中国青年谭嗣同选择为革命流血。临刑前，他表示“不有行者，无以图将来；不有死者，无以酬圣主”，并高呼：“各国变法，无不从流血而成，今中国未闻有因变法而流血者，此国之所以不昌也，有之，请自嗣同始！”请从费孝通先生的观点出发，谈谈为什么当时的中国革命需要流血。

13. 阅读下列材料，回答问题。

材料一：

①这种有为的皇权不能不同时加强它对内的压力，费用更大，陈胜吴广之流，揭竿而起，天下大乱了。人民死亡遍地，人口减少了，于是乱久必合，又形成一个没有比休息更能引诱人的局面，皇权力求无为，所谓养民。养到一个时候，皇权逐渐累积了一些力量，这力量又刺激皇帝的雄图大略，这种循环也因而复始。

②为了皇权自身的维持，在历史的经验中，找到了“无为”的生存价值，确立了无为政治的理想。

③乡土社会里的权力结构，虽则名义上可以说是“专制”“独裁”，但是除了自己不想持续的末代皇帝之外，在人民实际生活上看，是松弛和微弱的，是挂名的，是无为的。

（节选自费孝通《乡土中国·无为政治》）

材料二：

①老子“无为而治”的政治主张是与其“道法自然”的哲学主张相联系的。所谓“无为”，即无违自然、顺其自然而无所作为或不强作为之义。魏晋哲学家王弼以“顺自然”一语来诠释老子的“无为”，是深得其旨的。在道家看来，不仅道“无为”，而且天地万物在其本性上也都是“无为”的，人当然也不应例外。

②因此，既然天道自然无力，人道也应效法天道，做到常无为而任自然，这就是“人法地，地法天，天法道，道法自然”了。所以，统治者治

理国家也应顺其自然，不将其主观意志强加于社会政治生活，这就是所谓的“无为而治”的方针。

③老子说：“道常无为，而无不为。侯王若能守之，万物将自化。”又说：“我无为，而民自化；我好静，而民自正；我无事，而民自富；我无欲，而民自朴。”就是说，君王要治理国家，其“上德”就是应当效法和顺应自然，达到“无为而治”。只要“君无为”，人民就可以“自化”“自正”“自富”“自朴”，正所谓“无为而无不为”。

④“无为”，常被误解为消极避世，无所作为。其实，所谓“道常无为而无不为”，表面上守弱处静，无所作为，实际上遵循万物的本性而不违逆，顺应自然之道而知足知止，就已经是有所作为，也能无所不为。

（节选自《老子无为而治的政治主张》，有删改）

（1）下列对材料一内容的理解，不正确的一项是（　　）。

A. 农业的帝国是虚弱的，有为的皇权不能同时加强它对内的压力，因而有了陈胜吴广的揭竿而起。

B. 所谓养民，是乱久必合之后又形成一个没有比休息更能引诱人的局面，皇权力求无为。

C. 每一个经过大动荡的朝代，为了维持延续皇权，统治者找到了“无为”的生存价值，确立了无为政治的理想。

D. 乡土社会里的权力结构，本质上可以说是“专制”“独裁”和“无为”并存。

（2）根据材料一，分析为什么乡土社会中会出现“无为而治”的情况。

______

______

______

（3）根据材料一、材料二，分析《乡土中国》中的“无为”和老子“无为而治”中的“无为”是否一致。

______

______

______

五、写作

14. 人在适应自然和社会的过程中，总结了许多宝贵的经验，但这些经验也可能会阻碍我们的认识和发展。请写一篇文章，谈谈你对此的认识。

《血缘和地缘》《从欲望到需要》巩固练习

一、填空题

1. 生育没有社会化之前，血缘作用的强弱似乎是以______________来决定。亲密的血缘关系限制着若干社会活动，最主要的是______和______。

2. 地缘是从商业里发展出来的社会关系。血缘是______的基础，而地缘却是______的基础。

3. 在乡土社会人可以靠欲望去行事，而在现代社会中欲望并不能作为人们行为的指导了。从______到______是社会变迁中一个很重要的里程碑。

4. 在乡土社会中欲望经了______可以作为行为的指导，结果是印合于生存的条件。

5. 功能是从______去看一项行为对于______和______上所发生的作用。功能并不一定是行为者所自觉的，而是分析的结果。

二、简答题

6. 请简要回答血缘和地缘的概念，及其二者之间的关系。

____

____

____

7. 请简要回答血缘社会和地缘社会的特点。

____

____

____

8. 人们肚子饿了要吃饭，因为好吃和下饭会吃辣子、大蒜，这是欲望；但也会为了营养每天吃维生素、淀粉、脂肪等，这是需要。请据此简述“欲望”和“需要”之间的区别与联系。

____

三、拓展阅读

9. 阅读下列材料，回答问题。

材料一：

①我十岁就离开了家乡——吴江，在苏州城里住了九年，但是我一直在各种文件的籍贯项下填着“江苏吴江”。抗战时期在云南住了八年，籍贯毫无改变，甚至生在云南的我的孩子，也继承着我的籍贯。她的一生大概也得老是填“江苏吴江”了。我们的祖宗在吴江已有二十多代，但是在我们的灯笼上却贴着“江夏费”的大红字。江夏是在湖北，从地缘上说我有什么理由和江夏攀关系？真和我的孩子一般，凭什么可以和她从来没有到过的吴江发生地缘呢？在这里很显然在我们乡土社会里地缘还没有独立成为一种构成团结力的关系。我们的籍贯是取自我们的父亲的，并不是根据自己所生或所住的地方，而是和姓一般继承的，那是“血缘”，所以我们可以说籍贯只是“血缘的空间投影”。

②很多离开老家漂流到别地方去的并不能像种子落入土中一般长成新村落，他们只能在其他已经形成的社区中设法插进去。如果这些没有血缘关系的人能结成一个地方社群，他们之间的联系可以是纯粹的地缘，而不是血缘了。这样血缘和地缘才能分离。但是事实上这在中国乡土社会中却相当困难。我常在各地的村子里看到被称为“客边”“新客”“外村人”等的人物。在户口册上也有注明“寄籍”的。在现代都市里都规定着可以取得该地公民权的手续，主要的是一定的居住时期。但是在乡村里居住时期并不是个重要条件，因为我知道许多村子里已有几代历史的人还是被称为新客或客边的。

③我在江村和禄村调查时都注意过这问题：“怎样才能成为村子里的人？”大体上说有几个条件：第一是要生根在土里，在村子里有土地；第二是要从婚姻中进入当地的亲属圈子。这几个条件并不是容易的，因为在中国乡土社会中土地并不充分自由卖买。土地权受着氏族的保护，除非得到

氏族的同意，很不易把土地卖给外边人。婚姻的关系固然是取得地缘的门路，一个人嫁到了另一个地方去就成为另一个地方的人（入赘使男子可以进入另一地方社区），但是已经住入了一个地方的“外客”却并不容易娶得本地人做妻子，使他的儿女有个进入当地社区的机会。事实上大概先得有了土地，才能在血缘网中生根。——这不过是我的假设，还得更多比较材料加以证实，才能成立。

④这些寄居于社区边缘上的人物并不能说已插入了这村落社群中，因为他们常常得不到一个普通公民的权利，他们不被视作自己人，不被人所信托。我已说过乡土社会是个亲密的社会，这些人却是“陌生”人，来历不明，形迹可疑。可是就在这个特性上却找到了他们在乡土社会中的特殊职业。

（节选自费孝通《乡土中国·血缘和地缘》）

材料二：

①在亲密的血缘社会中商业是不能存在的。这并不是说这种社会不发生交易，而是说他们的交易是以人情来维持的，是相互馈赠的方式。实质上馈赠和贸易都是有无相通，只在清算方式上有差别。以馈赠来经营大规模的易货在太平洋岛屿间还可以看得到。Malinowski所描写和分析的Kulu制度就是一个例证。但是这种制度不但复杂，而且很受限制。普通的情形是在血缘关系之外去建立商业基础。在我们乡土社会中，有专门作贸易活动的街集。街集时常不在村子里，而在一片空场上，各地的人到这特定的地方，各以“无情”的身份出现。在这里大家把原来的关系暂时搁开，一切交易都得当场算清。我常看见隔壁邻舍大家老远地走上十多里在街集上交换清楚之后，又老远地背回来。他们何必到街集上去跑这一趟呢，在门前不是就可以交换的么？这一趟是有作用的，因为在门前是邻舍，到了街集上才是“陌生”人。当场算清是陌生人间的行为，不能牵涉其他社会关系的。

②在从街集贸易发展到店面贸易的过程中，“客边”的地位就有了特殊的方便了。寄籍在血缘性社区边缘上的外边人成了商业活动的媒介。村子里的人对他可以讲价钱，可以当场算清，不必讲人情，没有什么不好意思。

所以依我所知道的村子里开店面的，除了穷苦的老年人摆个摊子，等于是乞丐性质外，大多是外边来的“新客”。商业是在血缘之外发展的。

（节选自费孝通《乡土中国·血缘和地缘》）

（1）下列对选文内容的理解和分析，不正确的一项是（　　）。

A. 我们的籍贯取决于父亲而不是出生地，体现了地缘对血缘的深刻影响。

B. 没有血缘关系的人能结成一个地方社群，他们之间的联系可以是纯粹的地缘，而不是血缘了。

C. 在血缘社会的村落，新客或客边有可能通过婚姻进入当地的亲属圈子。

D. 在血缘社会的村落，得不到土地的边缘人充当了商业活动的媒介。

（2）材料一中，作者用自己的经历阐明“籍贯只是‘血缘的空间投影’”，请你结合自己或父母的籍贯为例对此观点加以阐述。

____

____

____

（3）根据材料，简析为什么乡土社会中，在村子里开店面的往往是“寄居于社区边缘上的”外乡人。

____

____

____

（4）乡土社会本是亲密的血缘社会，社会关系是以人情来维持的，是相互馈赠的方式，商业是不能存在的，但商业却在血缘之外获得了发展。传统乡土社会逐渐从人情性、血缘性的社会向商业性、地缘性的现代社会演变。结合材料二，简要分析其原因。

____

____

____

10. 阅读下列材料，回答问题。

材料一：

在现代社会里知识即是权力，因为在这种社会里生活的人要依他们的需要去做计划。从知识里得来的权力是我在上文中所称的时势权力；乡土社会是靠经验的，他们不必计划，因为时间过程中，自然替他们选择出一个足以依赖的传统的生活方案。各人依着欲望去活动就得了。

（节选自费孝通《乡土中国·从欲望到需要》）

材料二：

习近平总书记强调，疫情防控要坚持全国一盘棋。各级党委和政府必须坚决服从党中央统一指挥、统一协调、统一调度，做到令行禁止。坚持全国一盘棋，调动各方面积极性，集中力量办大事，是打赢疫情防控阻击战的有力保证。连日来，各地各部门全力以赴做好新冠肺炎疫情防控工作。

（节选自《人民日报》《全国一盘棋　防控有合力》，有删改）

材料三：

①2 月 7 日，在国务院联防联控机制召开的新闻发布会上，国家卫健委有关负责人表示，除武汉以外的一些地市，医疗资源和病人需求之间也存在矛盾，所以现在建立了 16 个省支援武汉以外地市的一一对口支援关系，以一省包一市的方式，全力支持湖北省加强病人的救治工作，维护好人民群众的生命安全和身体健康。

②“一省包一市”实现对口支援，就像当年全国各地对口支援四川地震灾区一样，不仅可以解除眼前的燃眉之急，也能够因为大量外部资源的到来，整体提升当地的医疗水平——对口支援既是“强扶弱”的帮扶机制，也伴随着“责任田”的划定，这也能让湖北各地市在精准有效的支援下尽早摆脱抗疫资源困局，提升疫情防控能力。

（节选自“新京报网”《“一省包一市”：疫情面前，我们是命运共同体》，有删改）

材料四：

①12 月 14 日，国家市场监管总局通告称，根据《反垄断法》规定，市场监管总局对阿里巴巴投资有限公司收购银泰商业（集团）有限公司股权、

阅文集团收购新丽传媒控股有限公司股权、深圳市丰巢网络技术有限公司收购中邮智递科技有限公司股权等三起未依法申报违法实施经营者集中案进行了调查，并于 2020 年 12 月 14 日依据《反垄断法》第 48 条、49 条作出处罚决定，对阿里巴巴投资有限公司、阅文集团和深圳市丰巢网络技术有限公司分别处以 50 万元人民币罚款的行政处罚。

费孝通在《乡土中国》中认为：乡土社会是靠经验的，他们不必计划，但在现代社会里知识即是权力，人们要依他们的需要去做计划。也有人认为社会经济发展自有其杠杆，在市场经济高速发展的今天，也不需要计划的经济和调控。请结合材料，对“经济高速发展的现代社会是否需要实施计划和调控”发表你的看法。

____

____

____

11. 阅读下列材料，回答问题。

材料一：

1990 年 12 月，在就“人的研究在中国——个人的经历”主题进行演讲时，著名社会学家费孝通先生总结出了“各美其美，美人之美，美美与共，天下大同”这一处理不同文化关系的十六字“箴言”。

材料二：

①2019 年 5 月 15 日上午，国家主席习近平出席亚洲文明对话大会开幕式并发表《深化文明交流互鉴　共建亚洲命运共同体》的主旨演讲。

②习近平主席讲话中称：“坚持美人之美、美美与共。每一种文明都是美的结晶，都彰显着创造之美。一切美好的事物都是相通的。人们对美好事物的向往，是任何力量都无法阻挡的！各种文明本没有冲突，只是要有欣赏所有文明之美的眼睛。我们既要让本国文明充满勃勃生机，又要为他国文明发展创造条件，让世界文明百花园群芳竞艳。”

材料三：

①20 世纪著名历史学家汤因比曾指出，如果中国能够在社会和经济的战略选择方面开辟出一条新路，那么就会证明自己有能力给全世界提供中

国与世界都需要的礼物。当今“如果”已经成真，中国果真蹚出了一条新路。其提供给中国与世界的“礼物”，就是习近平总书记提出的构建人类命运共同体理论。

②构建人类命运共同体论强调世界既具有多样性又具有统一性，超越了西方的“一元论”，具有解决中国和世界难题的立论基础。

（节选自韩庆祥、陈远章《人类命运共同体与中华新文明》，有删减）

在全球一体化的今天，面对国家和地区间的纷争，西方国家抛出“一元论”，中国则坚持“美人之美、美美与共”。费孝通先生对于处理不同文化关系总结出的十六字箴言是否是解决纷争的有效方法？对于构建人类命运共同体有何重要意义？请结合上述材料加以探究。

____

____

____

《乡土中国》综合性选择题

1. 下列对《乡土中国》相关内容的认识和理解，不正确的一项是（　　）。

   A.《乡土中国》的作者费孝通是中国著名的社会学家和人类学家，被誉为中国社会学和人类学的奠基人之一。

   B. 费孝通在其导师马林诺夫斯基指导下完成的《江村经济》，被誉为“人类学实地调查和理论工作发展中的一个里程碑”，成为国际人类学界的经典之作。

   C.《乡土中国》这本书里所收的十四篇文章，是根据作者曾经在西南联大和云南大学所讲“乡村社会学”的课程内容整理出来的。

   D.《乡土中国》和《江村经济》一样，都不是一个具体社会的描写，而是从具体社会里提出一些概念。

2. 下列对《乡土中国》相关内容的理解和分析，不正确的一项是（　　）。

   A.《乡土中国》是费孝通著述的一部研究中国农村的作品，是学界公认的中国乡土社会传统文化和社会结构理论研究的重要代表作之一。

   B.《乡土中国》并不是具体的中国社会的素描，而是在具体现象中提炼出认识现象的概念，特别是“差序格局”的理论在学术界影响深远。

   C.《乡土中国》一书，不仅详细地描述了中国的乡村，还包括城镇和城乡关系。读者可以通过这本书完全了解中国的传统社会。

   D.《乡土中国》中，费孝通擅长运用对比的方式阐明问题，比如中国的乡村与城市的对比、中西的对比、古今的对比。

3. 下列对《乡土中国》相关内容的理解和分析，正确的一项是（　　）。

   A.《乡土本色》描述了中国社会的基础，同时也是全书的基础。费孝通通过对上下两层社会的比较来看基层社会，看基层乡下人的特征，并将中国社会的基层定义为乡土性的。

   B. 乡土社会是熟人社会，不但文字是多余的，连语言都并不是传情达意的唯一象征体系，因此对乡村工作者推行的文字下乡，费孝通是不赞成的。

C. 乡村工作者认为乡下人“愚”是因为他们不识字，所以要推行文字下乡，教会乡下人识字就能根治他们的“愚”。

D. “行话”是指因个人的需要而发生在少数人间的特殊语言，发生在亲密社群中，但仍需要字句的固定意义支撑。

4. 下列对《乡土中国》的理解与分析，不正确的一项是（　　）。

A. “差序格局”可以说是费孝通最富有创造性的一个概念，较好地概括了乡土社会里人与人之间社会关系的本质特征。

B.《乡土中国》中费孝通认为，在传统结构中，每一家以自己的地位做中心，周围划出一个圈子，即“街坊”。凡是拉得上亲戚的，都包容得下。在乡下，家庭可以很小，而一到有钱的地主和官僚阶层，可以大到像个小国。其根源是以君权神授为基础的理论体系。

C. 中国传统十分讲伦理，公和私都是相对而言的，绝对自私论对中国而言可能是个伪命题，或许“私德”之说才是“差序格局”的准确内涵。

D. 团体格局的社会里，道德维系社会存在和延续的方式与在差序格局的社会结构中是不同的。不同的社会结构形成的根本性的差别就在于道德观念是人性的还是神性的。

5. 下列对《乡土中国》的理解与分析，不正确的一项是（　　）。

A. 乡土社会中，乡民是中国社会的基层，他们以种地为基本生存方式，直接靠农业来谋生，黏在了土地上，为土地所束缚。

B. 在差序格局的社会中，从中国传统伦理道德体系里无法找出基督教里的那种“不分差序的兼爱”，也不容易找到个人对于团体的道德要素。

C. 中西社会的家在结构的原则上不同。在西方，家庭是团体性的社群，中国乡土社会里，社群里的分子可以依需要，沿亲属差序向外扩大。

D. 在乡土社会中，同性组合和家庭组合原则上是交错的，但仍以异性组合的家庭为基础。

6. 下列对《乡土中国》的理解与分析，不正确的一项是（　　）。

A. 所谓人治与法治的区别，不在于人和法这两个字上，而是在维持秩序时所用的力量和所根据的规范的性质。

B. 礼和法律都是一种行为规范，不同的是：礼靠传统来维持；法靠国家权力来推行，且法可用来维持社会秩序。

C. 在乡土社会里，调解不仅是解决了纠纷本身，更是一种教育过程，某种程度上还有着“案例法”的榜样作用。

D. 血缘社会中，长幼差序和稳定的社会文化是教化权力的基础。而以血缘来完成继替的方式，即使在现代社会也依然存在。

7. 下列对《乡土中国》的理解与分析，正确的一项是（　　）。

A. 长子继承制是典型的基于生育的社会关系决定社会地位的制度。稳定是血缘标准的功能之一。

B. 乡土社会人口流动较少，人际信任是建立在熟悉基础上的，但也不是完全不流动，那些因人口繁殖需要新“领地”而迁移到其他地区的人们依然延续由原来的血缘关系形成的群体。

C. 中国社会往往被称为人情社会，是因为在乡土社会中，亲密社群的团结性依赖于各分子之间因血缘而相互关联的人情关系。

D. 在乡土社会，人们常说“熟人生意难做”，这跟乡土社会也是一个血缘社会有关。亲密的血缘社会中是不允许有交易和竞争的存在的。

8. 下列对《乡土中国》的理解与分析，不正确的一项是（　　）。

A. “时势权力”是在变化的社会，人们掌握并适应了变化，从而占有优势，给个人或群体带来的实际力量。搜狐的张朝阳、微软的比尔·盖茨、苹果的乔布斯等都属于“时势权力”人物。

B. 社会继替是指人物在固定的社会结构中的流动，社会变迁却是指社会结构本身。这两种过程并不冲突，可以并存，所以“长老权力”和“时势权力”可以并行。

C. 隋唐社会，通过科举制度把有才能的人选拔到朝廷，是封建皇权维护自身的需要，也是下层百姓想使身份地位向上流动的愿望的体现。同时也有利于门阀贵族权力的发挥。

D. “长老权力”不能容忍反对；“同意权力”容忍甚至鼓励“反对”；“横暴权力”只有反抗，没有反对；“时势权力”因为对现实的理解和实验的方法不同，也会发生各种方案之间的竞争和斗争。

9. 下列对《乡土中国》的理解与分析，不正确的一项是（　　）。

A. 在亲密的乡土社会中，一个村子的新客很难被当作“自己人”，但也因为这个特性，使他们更便于与他人不讲人情地讨价还价、算账和做生意，成了商业活动的媒介。

B. 人类的行为的背后总会有一个动机，或称为欲望。有时欲望并不能作为人们行为的指导，发生了“需要”，因此也就有了“计划”，“需要”是基于一种维持人全面健康发展的功能性实现，是科学、理性的决定。

C. 在走出乡土的现代社会，“时势权力”是由科学知识和技术带来的权力，而某些掌握了科学技术而具有了“时势权力”的人可以帮助普罗大众把“欲望”变成“需要”。

D. “欲望”不仅是生物事实，同时也是一种文化事实，是合于人类生存条件的。乡土社会中，欲望经过了文化的陶冶可以作为行为的指导。

10. 下列对《乡土中国》的理解与分析，不正确的一项是（　　）。

A. 《乡土中国》中《名实的分离》一文不仅对于理解中国社会，对更广泛意义上的任何社会所提供的政权合法性的意识形态与变化着的社会事实之间的张力，都具有借鉴意义。

B. 欲望如果要通过意志对行为有所控制，它必须是行为者所自觉的。自觉也是这个时代理性发展对欲望和情绪的控制不可缺少的。在当代这个多元文化的时代，只要坚持文化自觉，必能实现费孝通所说的“各美其美，美人之美；美美与共，天下大同”的理想。

C. 孔子“克己复礼”“约之以礼”的观点表明，礼的养成并不是由本能或天意自动形成的，它要求自我的克制和约束，主动服膺于传统的习惯。礼治不能离开社会。

D. 乡土情结是乡土社会的中国人集体潜意识里的一种心理状态，“衣锦还乡”就是乡土情结的典型表现。在很多中国人的价值观念中，事业的成功只有得到乡人的认可才是最大的荣耀。

参考答案

《乡土本色》巩固练习参考答案

一、填空题

1.【答案】乡土性　熟悉　陌生人

【解析】本题考查的是文中重要知识点的再现。包括《乡土本色》首段的中心论点及乡土社会和现代社会各自的根本特点以及不同之处。

2.【答案】长江　黄河　珠江

【解析】本题考查的是学生在整本书阅读中的常识积累。

3.【答案】村落　地方性

【解析】本题考查的是文中重要知识点的再现。包括对中国农村聚村而居和活动范围有地域性的限制的认识。

二、选择题

4.【答案】B

【解析】本题考查的是学生根据语境，使用语文知识进行识别、判断、归类等的能力。答题时首先要把握段落的整体意思，然后联系上下文和选项间的逻辑关系，判断是否有标志词，如关联词、修辞等；如果没有，再看其意思，最后用排除法进行筛选。

5.【答案】D

【解析】本题考查的是学生对文章内容的掌握。原文中有明确说明。A、B、C 选项均符合文中观点，第四个原因是“为了安全，人多了容易保卫”。故 D 选项错误。

6.【答案】C

【解析】本题考查的是学生对本文中重要概念的理解。文中明确表示“乡土社会的信用并不是对契约的重视，而是发生于对一种行为的规矩熟悉到不假思索时的可靠性”。故 C 选项正确。

三、简答题

7.【答案】礼俗社会：就是传统的社会，规模小，分工与角色分化少；人的行为受习俗传统的约束。法理社会：是现代工业社会，规模大，有复杂的分工和角色分化；人的行为受规章法律的制约。

【解析】本题属于明确要识记的知识点，考查的是学生对本文中重要概念的理解，以及通过信息筛选概括说明对象特征或规律的能力。

8.【答案】①在农村，还保持着乡土社会的特征。乡土社会是一个熟人社会，大家因熟悉而有了信任，凭借的是人与人之间的关系，是规矩。这种天生的信用是发生于对一种行为的规矩熟悉到不假思索的可靠性，所以多数人借钱靠口头约定，不需要打借条，不需要立字据。当然重要的事情，比如大的债务、房屋、地皮的交换或者买卖等还是要立字据的，避免闹说不清的矛盾。②现代社会，打借条也并非全是信任的缺失。现代社会是个陌生人组成的社会，各人不知道各人的底细，更怕口说无凭，所以要立字据。走出乡土的人们，面对的是陌生的人群，因而发展出契约精神。在法治社会中，运用的是普遍原则，而不是因人而异的人情原则，所以“借钱打借条”的理念深入人心，这种契约精神更容易为陌生人群体所接受。

【解析】本题考查的是学生对由熟人组成的乡土社会和由陌生人组成的现代社会特点的理解。“是否打借条”的行为的思想根源需结合本章节作者对这两类社会特点的阐述进行理解。“熟人社会”和“陌生人社会”是要点。

四、拓展阅读

9.（1）【答案】A

【解析】本题考查的是学生对成语释意的理解，并能够根据前后语境选择恰当的成语。

飘忽无定：指变幻无常，动荡不定。

漂泊无依：形容行踪不定，生活没有着落和依靠。

抛井离乡：离开家乡到外地。

抛妻弃子：形容男人逃避对家庭的责任。

结合画线处前面的内容可知A选项正确。

（2）【答案】D

【解析】本题考查的是学生信息筛选和整合的能力，答题时要求明确具体的考查要点，找准文章的对应位置，然后结合文章内容逐个判断正误。A选项，原文只是说“据说”。B选项，“都是”过于绝对化，原文是“最大多数的人”。C选项，推论有误。中原民族土气，中原民族对土地的依赖性大；游牧民族对土地依赖性小，故游牧民族不土气。

(3)【答案】C

【解析】本题考查的是学生对在乡土社会中泥土对于靠种地谋生的人的可贵的理解。土是他们的命根。不论是泥土的作用还是具体的行为方式，只有C选项最符合。

(4)【答案】“黏着”是指粘连在一起，形象地表现了在乡土社会中，以农业为生的人和土地之间的密切关系，世代定居是常态的特点。

【解析】本题考查的是分析句段的语言特点。该句话分析的重点在“黏着”上，有炼字的意味。首先要明确“黏着”的意思，其次结合“黏着”所修饰的主体具体分析。“靠农业来谋生的人是黏着在土地上的”形象地写出了乡土社会安土重迁，较少迁移和流动的特点。

(5)【答案】本文开篇提出中国社会是乡土性的这一观点，接着阐述了“土”对于中原民族的重要性，并通过奶妈和波兰民族的风俗两个示例，进一步突出“土”在文化中的重大作用。紧接着通过对农业与牧业和工业的比较，论述了“土气”产生的根本原因是不流动性。最后从语言入手，解读了中国乡土社会“基层人口流动”微乎其微的特征。

【解析】本题考查的是学生概括结构特点和梳理行文思路的能力。答题时首先应结合论证结构给文章分层，并概括要点，同时关注开头段和结尾段的关系。其次应组织答案，如果有运用对应的论证方法也要指出。答题时采用“首先……其次……然后……最后……”的形式。

五、写作

10.【解析】该作文材料需要结合《乡土本色》的文章内容来理解。

根据材料内容进行分层。第一层：“‘土’却是‘乡下人’的命根”，土是乡土社会中文化的重要组成。城里人、乡下人，都是中国文化的传承者，但前者却嘲笑着后者，这是片面地看待某些乡土的陋习，却没有认识到“土”还包含着劳动人民勤劳、质朴和返璞归真的纯粹。为什么会嘲笑呢？这就需结合当下社会的特点进行分析。随着国门的打开，外来文化涌入人们的日常生活，并在某些商家和消费主义的鼓吹下成了某种与“土气”相对应的“时尚”。城里人以优越感对乡下人的“土气”嗤之以鼻，忽视了“土”中的珍宝。

第二层：出门在外带一包灶上的泥土代表着国人对故土、对自己文化的依恋。“土”既是家乡的象征，也是中国文化的象征。所以我们在社会发展的同时要重新正视“土气”的乡下人，在外来文化不断冲击下保持对自己文化的热爱与真正的了解，不要一味将“土”变成贬义词。

《文字下乡》《再论文字下乡》巩固练习参考答案

一、填空题

1.【答案】行话

【解析】本题考查的是文中重要知识点的再现，学生需了解语言的功能和类型，明确“行话”的概念。

2.【答案】生活需要

【解析】本题考查的是文中重要知识点的再现。

3.【答案】空间　时间　今昔　世代

【解析】本题考查的是文中重要知识点的再现。学生需明确作者分别是从时间和空间两个方面阐释文字的发生。

4.【答案】象征体系　个人的记忆

【解析】本题考查的是文中重要知识点的再现。

二、判断题

5.【答案】√

6.【答案】√

7.【答案】×

【解析】原文为“文法和艺术就在减少文字的‘走样’”，而不是可以使文字不“走样”。

8.【答案】√

9.【答案】×

【解析】传承文化不仅是责任，更是一种需要。

10.【答案】×

【解析】“词”不一定需要“文”，“文”是用眼睛可以看得到的符号，就是字。“词”不一定是刻出来或写出来的符号，也可以是用声音说出来的符号，即语言。一切文化中不能没有“词”，可是不一定有“文字”。

三、选择题

11.【答案】B

【解析】本题考查的是学生根据语境，使用语文知识进行识别、判断、归类等的能力。答题时首先要把握段落的整体意思，然后联系上下文和选项间的逻辑关系，判断是否有标志词，如关联词、修辞等；如果没有，再看其意思，最后用排除法进行筛选。

12.【答案】D

【解析】本题考查的是学生对日常成语的掌握及运用。

眉目传情：出自《西厢记》，指用眼色传递情意；多用于男女之间。

暗送秋波：旧时比喻美女的眼睛像秋天明净的水波一样，指暗中眉目传情。

眉来眼去：形容以眉眼传情。

明目张胆：睁开眼睛放开胆量做事。原意指有胆识，敢作敢为。后演变为无所顾忌，胆大妄为。

四、简答题

13.【答案】为了改变乡村人落后的状态，政府派遣或者乡村工作者自发以教育为手段，以改良主义的方法来建设乡村，改造农村的一系列活动。

【解析】本题考查的是学生对文中重要概念的理解，以及通过信息筛选概括说明对象的特征或规律的能力。

14.【答案】①乡土社会是个面对面的社会，有话可以当面说明白，不必求助于文字。由于太过熟悉，很多东西并不需要表达得那么清楚也可以被理解，有时候甚至连语言都不是必要的，一个眼神就能让你明白对方的想法。②乡土社会是一个生活很安定的社会，人在熟人间和熟悉的地方上成长，所遇到的事情和经验也大都相同，个别的经验就等于世代的经验，经验无须不断累积，只需老是保存。当一个人遇到问题，必然能在比他年长的人那里得到解决问题的有效办法，口口相传，不会有遗漏，全部文化可以在亲子之间传授无缺，因此乡土社会不需要文字。

【解析】本题考查的是学生筛选文中信息，以及整合、概括部分或整体的文章内容的能力。答题时应根据题干的要求锁定对应段落，先筛选出主要的信息，然后对筛选后的信息按照不同的角度进行整合。

15.【答案】“啐”本身是唾人以表示鄙斥，含有轻蔑的意思。在这里“啐了一口”表现出司机对“乡下人”的极尽蔑视；“微微的一笑”虽然表现含蓄，但也表达了乡下人对城里人的蔑视。

【解析】本题考查的是学生分析词、句、段在文中的作用，以及语段的语言特点的能力，有炼字的意味，需要结合词语本义和前后语境进行理解。

五、拓展阅读

16.（1）【答案】C

【解析】此题考查的是学生信息筛选和整合能力，答题时要求明确具体的考查要点，找准文章的对应位置，然后结合文章内容逐个判断正误。C选项对应材料一的内容，作者不是反对推行文字下乡，而是认为单从文字和语言的角度去批判一个社会中人和人的了解程度是不够的。故“推行文字下乡没有意义”错误。

（2）【答案】一是不需要，二是没有机会练习。作者用“乡下孩子在教室里认字认不过教授们的孩子，和教授们的孩子在田野里捉蚱蜢捉不过乡下孩子，在意义上是相同的”得出乡下孩子识字不及人的原因，来证明乡下孩子的学习能力并不一定比城里孩子差。

【解析】本题考查的是学生分析材料的能力。重点在于找出对应材料中作者运用该材料想要证明的观点，再结合材料内容具体分析。

（3）【答案】①内容上：说明乡土社会文字不可能发生的理论依据，即文字的发生源于在人和人传情达意的过程中受到了空间和时间的阻隔。②结构上：承上启下。承接《文字下乡》中从空间阻隔的角度的论述，即在面对面的乡土社会中，有话可以当面说明，不必求助于文字，领起下文从时间阻隔的角度的论述。

【解析】本题考查的是学生分析词、句、段在文中的作用的能力。句、段的作用应分别从内容和结构两方面作答，首先要明确句、段在不同位置的结构作用，其次要从内容上提炼出观点句。

（4）【答案】乡村精英作为一个特殊的利益群体，在实施乡村振兴战略的过程中起着举足轻重的作用。但在劳动力转移的大潮中，乡村精英人才的外流，导致农村优势劳动力缺乏，新农村建设中坚主体虚空。要解决乡村精英人才的外流问题，首先，必须积极转变理念，实现乡村精英人才的合理流动。其次，要丰富农村的产业结构和产业形式，吸引更多的人才回乡建设。最后，应调整产业结构，增加农村土地的附加值，从根本上促进农村生产力的发展。

【解析】本题考查的是学生在筛选文中信息的同时根据文章内容进行推断的能力。答题时应根据材料明确乡村精英的特点，以及他们跟文字下乡之间的关系，并结合当下社会经济发展和乡村特点分析人才流失的原因，以此为基础思考解决方向。

17.【答案】沈从文的作品湘西地方特色浓郁，语言风格是以湘西方言土语作为基础的，老舍的作品则是以北京方言为主要语言特点。语言只能在一个社群所有的相同经验的一层上发生。不管是湘西还是老北京都属于传统的乡土社会，人们在长期的相处中彼此熟悉，有着相同的经历，这些“特殊”的词语就有了当地人共同认定的固定意义，是他们日常生活中的一部分，不是这个环境中的人很难理解。所以阅读时要根据具体的语境进行分析。

【解析】本题考查的是学生对《文字下乡》中关于语言和“特殊语言”的理解，答题时既要结合材料，又要和课外阅读积累相关联。

18.【答案】①西洋文明的洗礼，工业设施、西方习俗日渐传入，影响所及遂使城乡之间由程度之差变为性质的不同。②城市物质设备特别富于诱惑，相比农村的简陋单调，在城市求学的青年则更留恋城市，而不肯回到农村。同时职业的机会更多限于城市，更有集中在城市才有取得职业的可能，因此乡村中精英流失。③文字下乡后，读了书识了字的乡下人，在城市化的潮流中，纷纷以各种形式背井离乡走向城市，参与城市的发展建设，农村经济则日益凋敝，城乡差距越来越大。④城市在经济发展中占主动地位，农村处于被动地位，很多政策的制定是为城市服务的，不利于农村的发展。即便有时某些政策吸引了人才回乡创业，但相关配套措施却跟不上。

【解析】本题考查的是学生对文中信息的筛选和整合，并结合社会现实做出相应推断的能力。答题要点应和《乡土中国》学习后要求做过的乡村调查相关联。

六、写作

19.【解析】本题考查的是材料作文，材料一是从文字工具性的角度来阐释，随着科技的发展，有了其他可替代性的工具之后，文字是否还继续沿用，文字的独特之处在哪里。

材料二其实有了一定的方向性。这段材料除陈述了某教授说的一段话外，并无任何的评论或观点。要把握材料，首先，要弄清楚教授说这段话的意图，同时还得对《荷塘月色》有比较深刻的认识。《荷塘月色》是朱自清先生的一篇经典美文，朱自清借写荷塘月色之美来排解内心的“不平静”，这篇文章美在景物，美在意境，更美在情感。

其次，材料中说“设想朱自清活在21世纪”无形中就有了比较的成分，不同的时代，使得同一个人、同一件事，有了完全不一样的结果。“看到月光淡淡的，拿出手机，‘咔嚓’一下拍照，再发到微信朋友圈或者微博，写了句‘今晚的荷塘很美’”——这是当代人描述生活或抒发感情的常用手段，与过去的“写作”不同。“然后就没有了，文字没有了，《荷塘月色》没有了，散文没有了。”——当代人更愿意或者只会使用微信、微博这样的文字载体，却再也没有了我们所期待的内容，微信朋友圈里的文字或微博取代了文章，一篇美文不再会诞生。作者连说了三个“没有了”，感情强烈可见一斑。

分析完材料二后不难得出："快餐文化"时代出不了《荷塘月色》这样的经典美文；"微信朋友圈""微博"式的文字，失去了美文应有的"美的意境""美的情感"。我们这个时代的人已经很难静下心来，写一篇情感内蕴深厚的文章了。当代人失去了文字创作的能力，情感变得苍白无力，直接导致美文的消失。而拓开视角来看，作者在提醒我们，长此以往，"没有的"将不仅仅是文字和散文，还有别的……

《差序格局》巩固练习参考答案

一、填空题

1.【答案】生育　婚姻

【解析】本题考查的是文中重要概念的再现。

2.【答案】君臣　父子　夫妇　长幼　差等

【解析】本题考查的是文中知识点的再现和文化常识积累。

3.【答案】能伸能缩　具有弹性

【解析】本题考查的是学生对"差序格局"概念的理解。

二、选择题

4.【答案】B

【解析】本题考查的是在理解文中西方社会"团体格局"特点的基础上进行辨析。

5.【答案】C

【解析】本题考查的是在理解文中西方社会"家"的概念的基础上进行辨析。

6.【答案】D

【解析】本题考查的是学生对"差序格局"中亲属关系的理解。贾探春和贾宝玉同父异母，林黛玉和贾宝玉是姑表兄妹，薛宝钗和贾宝玉是姨表姐弟。故D选项正确。

7.【答案】C

【解析】本题考查的是学生根据语境，使用语文知识进行识别、判断、归类等的能力。答题时首先要把握段落的整体意思，然后联系上下文和选项间的逻辑关系，判断是否有标志词，如关联词、修辞等；如果没有，再看其意思，最后用排除法进行筛选。

8.【答案】C

【解析】本题考查的是学生对"差序格局"之下"地缘关系"中社会关系会因为中心势力的变化而变化的特点的理解，及根据语境使用语文知识进行识别、判断、归类等的能力。

穷在闹市无人问，富在深山有远亲：人穷的时候亲戚朋友在身边也很少来往，富有的时候就算远在深山老林亲戚都会来找你。

斗米养恩，担米养仇：在危难的时候给了别人很小的帮助，对方会感激你，但过度的帮助救济，反而会养出仇人。

得意时门庭若市，失意时门可罗雀：有权势时攀关系的人特别多，家门口就像集市一样；失去权势时，就门庭冷落，空旷安静得都可以逮麻雀了。

十年寒窗无人问，一举成名天下知：十年的寒窗苦读无人问津，一旦科举考试中举成名，天下人都会来关注。

穷不言富，贱不趋贵：贫穷的时候不要盲目地嫉妒别人富有的生活，地位低下的时候不要去奉承那些有金钱和权力的人。

千门万户曈曈日，总把新桃换旧符：大年初一，初升的太阳照耀着千家万户，人们都忙着把旧的桃符取下，换上新的桃符；寓意辞旧迎新、万象更新。

三、简答题

9.【答案】①差序格局：是中国乡土社会以宗法群体为本位，以自己为中心，以亲属、地缘等关系为主轴的亲疏有别、能放能收、能伸能缩的人际关系格局。特点是差序格局一切价值以“己”为中心，主张自我主义，讲求的是关系、交情；道德在私人间维系；群己的界限是相对的，具有伸缩性；依靠“礼”维持社会格局。②团体格局：是费孝通对于西方社会结构的一种阐释。常常由若干人组成一个个的团体，团体是有一定界限的，团体下面的单位是个人，个人与个人之间是平行的，无数的个人通过一定的结构联系起来，便组成了一个有机的团体，这种性质的社会关系是“团体格局”。特点是在团体中的人对于团体的关系是相同的，主张个人主义，讲求的是权利；人人平等，一视同仁；团体界限分明；依靠“法”维持这一格局。

【解析】本题考查的是学生对文中重要概念含义的理解，以及通过信息筛选概括说明对象的特征或规律的能力。答题时应根据题干的要求先筛选出主要的信息，然后对筛选后的信息按照不同的角度进行整合。

10.【答案】称谓的不同反映了中国社会是“差序格局”，亲属关系是以自己为中心，根据生育和婚姻事实所结成的富有弹性的关系，不同的亲属关系，称谓也不同。而西方是“团体格局”，团体界限分明，团体内的人跟团体的关系是相同的，所以称谓也相同。

【解析】本题考查的是学生对文中重要概念的理解。答题时应根据材料要求，结合说明对象的特点加以阐释。

11.【答案】首先列举生活中普遍的现象描述中国人“私”的毛病的普遍性，并以西方的社会格局作为参照，通过中西方社会的对比，运用一系列的比喻和概念比较，来阐明中国乡土社会“差序格局”的特点。

【解析】本题考查的是学生分析文章的表达方式和写作手法的能力。本文讲中国社会结构“差序格局”在手法上的最大的特点是对照西方社会的“团体格局”来阐释的，并且善于运用比喻来讲述理论概念，让普罗大众能够明白易懂。

四、拓展阅读

12.（1）【答案】在公共区域内，人们只是享有权利，不去履行义务，导致自私心畅行，公德心被自私心驱走。

【解析】本题考查的是学生对文中词语、句子的理解。含义题要结合题干要求的段落，联系上下文进行分析。结合文章第②段的首句，“一说是公家的，差不多就是说大家可以占一点便宜的意思，有权利而没有义务了”，以及“坏钱驱逐好钱一般，公德心就在这里被自私心驱走”可总结得出“格兰亨姆的公律”的含义。

（2）【答案】C

【解析】本题考查的是学生对俗语含义及文章内容的理解。A 选项指只有经过亲身实践，对事物才会有深切的体会。B 选项多用来鼓励人要有斗争的勇气，不宜太老实；也用来表示自己不能让人欺侮。C 选项指不要多管闲事，体现了人的自私本性。D 选项强调要团结互助。

（3）【答案】A

【解析】本题考查的是学生信息筛选和整合的能力，解答此类试题时，一般要先浏览选项，然后在文中找到与选项相关的语句进行比较、辨析。A 选项中的“一定”太过于肯定和绝对，和原文中第⑤段的“每个人在某一时间某一地点所动用的圈子是不一定相同的”不符。

（4）【答案】A

【解析】本题考查的是学生信息筛选和整合的能力，答题时要明确具体的考查要点，找准文章的对应位置，然后结合文章内容逐个判断正误。根据第⑦段“范围的大小也要依着中心的势力厚薄而定。有势力的人家的街坊可以遍及全村，穷苦人家的街坊只是比邻的两三家”可知，亲属圈子的大小与家庭人口没有直接关系。故 A 选项不正确。

（5）【答案】认同。差序格局的状况虽然在中西方社会都存在，但是因为中国长期处于农耕社会，到费孝通写作《乡土中国》时大部分农民依然没有走出乡土社会，而西方城市化、工业化较早，走出乡土的农民较多，转型也较早，因而差序格局在中国更为普遍。费孝通为了探讨方便，没有细致区分中西方的差异，也是可以理解的。

【解析】本题考查的是学生的探究能力。答题时应结合题干要求，首先提炼出材料中作者的观点，即费孝通提出的“差序格局”属于“理想类型”的概念，为了分析的方便，费孝通把西方社会的社会关系组织方式称为“团体格局”，实际上西方社会同样也有以自己为中心的远近厚薄关系网。然后结合中西方社会当时的发展进程分析为何作者会有这种观点。

(6)【答案】在费氏的“差序格局”中，“差”是人际关系的亲疏远近，同时强调父母与子女之间的“序”，子女要服从父母（特别是父亲）的安排，而亲子关系近于配偶关系，这是在传统家庭层面正常合理的次序。这一格局的形成与传统乡土社会儒家伦理纲常思想的深入，父权与封建思想被不断强化密切相关。

新中国成立后随着时代和社会的发展，首先家庭的规模缩小了，婚恋自由得到强调，女性地位也得到较大的提升，夫妻关系和亲子关系难以区分先后，失去了“序”。进而在家庭层面容易引发一系列的矛盾冲突。要尽量避免家庭冲突导致的恶劣后果，需要处于同心圆中的个体通过沟通、交流与妥协形成家庭的共识，彼此体谅。

但想要从根本上解决差序格局在家庭层面所面临的困境，还需要一套新的普遍的价值标准与伦理道德规范的形成。

【解析】本题主要考查的是学生的探究能力。答题时首先要明确费孝通的“差序格局”在家庭层面的具体表现；其次明确当下社会家庭中的亲子关系和夫妻关系与传统家庭中的区别，传统差序格局在当下家庭中的困境的表现及原因。最后就如何解决提出建议。

13. (1)【答案】个人是对团体而言的，是分子对全体。在个人主义下，一方面是平等观念；另一方面是宪法观念，且这些观念必须先假定了团体的存在。而“差序格局”是一切价值以己为中心的，它具有相对性和伸缩性，能够推己及人。所以说“差序格局”是自我主义，而不是个人主义。

【解析】本题考查的是学生筛选文中信息，整合、概括部分或整体的文章内容的能力。答题时应根据题干的要求先筛选出主要的信息，然后对筛选后的信息按照不同的角度进行整合。

(2)【答案】D

【解析】本题考查的是学生筛选文中信息的能力。答题时应先浏览选项，然后在文中找到与选项相关的语句进行比较、辨析。解答理解和分析题要辨明检索区间，确定对应语句；联系上下文进行体会，注意抠字眼。D选项表述太肯定，和原文的“可能”“或许”不符。

(3)【答案】①原因：中国乡土社会的基本结构是差序格局，最重要的亲属关系是根据生育和婚姻事实所发生的社会关系。以己为中心，家庭构成是社会基本单位，亲情和家庭伦理构成了“私德”的最基本内容，伦理处于本位地位，所以中国人在血缘亲情生活圈子当中，很注重自己的形象，因此有了“修身、齐家、治国、平天下”“差序格局”的体现。与此同时，中国传统道德教育只涉及“五伦”关系的私德，对于跟自己没有任何关系的陌生人缺乏有效的公德约束，因此就产生了大家所看到的中国人有良好的私德，但缺少公德心的现象。②阐释：其实公德、私德是有一定关联，互相促进的。与公德相比，私德影响的是自己和亲人、朋友，但只有先爱自己、爱亲人才能爱他人、爱社会。这也就是儒家最重视的“推己及人”，把对小团体的伦理推而广之，公德便水到渠成。所以私德是公德的基础，绝对自私论对中国而言可能是个伪命题，说古代不思考公德问题，是不公允的，他们对公德建设的贡献，正是蕴含于私德建设之中。

【解析】本题考查的是学生在理解文中重要概念的基础上根据文章内容进行推断的能力。答题时应首先根据本章内容明确“差序格局”中“私德”产生的根源以及材料中的具体表现，并根据材料二和三的内容阐述私德与公德之间的关系。

五、写作

14.【解析】首先，要明确“邻里关系”的概念。从《差序格局》中可以看出“邻里关系”是与地缘关系密切相连的住地毗连的人们形成密切的互动关系，并由此构成相对独立的小群体，彼此有着明显的认同感和情感联系。

其次，思考为什么要处理好邻里关系。可结合当前中国社会邻里关系有日益淡化的趋势，城市社会已经没有了乡土社会中邻里间的紧密联系的现状进行思考，包括对具体的变化和表现，以及在经济全球化、人类命运共同体的交织之下新的邻里关系的思考。

最后，围绕上述现象分析怎样构建良好的社区邻里关系及新时代的邻里关系。

15.【解析】该材料分为两层，第一层从给出的解释——只管自己的事，不管别人的事，可以看出“管”与“不管”均以“利己”为原则。因此，这句古话一定程度上带有很大成分的自私自利性，尤其当它以格言的形式出现，会对人们产生一定的误导。

第二层紧跟着提出了一个问题——别人的事该不该管？这里“别人”的含义是关键，它是泛指，个人、集体、社会、国家等都可以，“管”也可引申为帮助、关心、关注、承担等富有助他性、使命感的动词。

通过逐层分析可以看出该命题意在引导学生从关心他人、帮助他人、关心集体、关注社会、关注民生、敢于担当、勇于负责等方面进行思考。因为传统文化中“各人自扫门前雪，莫管他人屋上霜”“老死不相往来”“相濡以沫，不如相忘于江湖”等负面元素在现代社会中依然有很强的流行性，提出这样的“问题”可帮助学生反思传统观念、体察现实世界。

本题写作时可用时事入文，联系现实生活，但要注意思辨性，切忌局限于个人小视野，限于社会负面事例，限于就事论事。

《系维着私人的道德》巩固练习参考答案

一、填空题

1.【答案】团体　个人　宗教　克己复礼

【解析】本题考查的是文中重要知识点的再现，需识记团体格局和差序格局的道德基本。

2.【答案】孝　悌　忠信

【解析】本题考查的是识记差序格局中维系私人关系的道德要素。

二、选择题

3.【答案】B

【解析】本题考查的是学生根据语境，使用语文知识进行识别、判断、归类等的能力。答题时首先要把握段落的整体意思，然后联系上下文和选项间的逻辑关系，判断是否有标志词，如关联词、修辞等；如果没有，再看其意思，最后用排除法进行筛选。

4.【答案】A

【解析】本题考查的是学生对差序格局的社会中法律和道德实施的特点的理解，即所有的价值标准不能超脱于差序的人伦而存在，得看所施的对象和“自己”的关系。并需结合积累的文学常识进行识别、判断、归类等。在“葫芦僧乱判葫芦案”中，贾雨村本欲“严肃处理”，最终却乱判“葫芦案”，就是为了攀附权势，捞得“护官符”，巩固自己的地位。

三、简答题

5.【答案】①道德观念：是在社会里生活的人应当自觉遵守社会行为规范的信念，

包括行为规范、行为者的信念和社会的制裁。②差序格局下道德观念的特点：差序格局中基本观念的出发点是克己修身，“孝、悌、忠、信、仁”是由己外推而产生的私人道德；缺乏笼罩性的道德观念；缺乏个人对团体的道德要求；缺乏团体道德，经常发生公私冲突；缺乏固定的价值标准，道德和法律因私人关系远近而具有伸缩性。

【解析】本题属于明确要识记的知识点，考查的是学生对文中重要概念的理解，以及通过信息筛选概括说明对象的特征或规律的能力。

四、拓展阅读

6.（1）【答案】C

【解析】本题考查的是学生信息筛选、理解和整合的能力，解答此类试题时，一般应先浏览选项，然后在文中找到与选项相关的语句进行比较、辨析。C 选项对应原文中第④段“在差序格局中并没有一个超乎私人关系的道德观念，孝、悌、忠、信都是私人关系中的道德要素”和第⑤段中“现在我们有时把‘忠’字抬出来放在这位置上，但中国传统意义上的忠君并不是个人与团体的道德要素，而依旧是对君私人之间的关系。”由此可知该选项中“忠”是最接近公共的道德观念的说法是错误的。

（2）【答案】①差序格局中并没有一个超乎私人关系的道德观念。②孔子的“仁”，是私人间的道德要素。③中国乡土社会中并不容易具体地指出一个笼罩性的道德观念来。

【解析】本题考查的是学生筛选文中信息，整合、概括部分或整体文章内容的能力。答题时首先要明确题干要求，然后把握全文内容。概括题一般涉及范围较广，所以要在把握全文内容的基础上进行筛选整合。根据题干要求找到原文中关于孔子提到的“仁”和道德观念部分的阐述，主要集中在第④段中。根据原文中的关键内容“在差序格局中并没有一个超乎私人关系的道德观念，孝、悌、忠、信都是私人关系中的道德要素”“但是孔子却常常提到‘仁’字，一方面他一再地要给仁字明白的解释，而另一方面却又屡次对于这种道德要素‘欲说还止’。每当他积极地说明仁字是什么时，他却退到了‘克己复礼为仁’‘恭宽信敏惠’这一套私人间的道德要素了”“孔子的困难是在‘团体’组合并不坚强的中国乡土社会中并不容易具体地指出一个笼罩性的道德观念来”可得出答案。

（3）【答案】①“克己复礼”，即克制自己的欲望，规范自己的行为，使言语行动都合乎礼仪规范。这里说的“礼”，就是指当时社会生活中实行的各种礼仪规范。孔子强调的是不符合礼的事就不要去做，更要随时警惕自己不要去做失礼的事——“非礼勿视、非礼勿听、非礼勿言、非礼勿动”，要做到这“四勿”，就必须“克己”，也就是要随时注意约束自己，克服种种不良习性和私心，用我们现在的话说，就是要“战胜自我”。②当今社会需要人们增强道德素质。现代社会，人心浮躁，物欲横流，有些人唯利是图，为了利益不择手段，缺少道德约束，毒奶粉、毒疫苗等层出不穷。这些情况如果得不到有效遏止，就会让社会陷入互相伤害的恶性循环。所以，从某种意义上来说，今天的人们同样需要克己复礼。但并不是要回到孔子时代的礼仪秩序，而是要在信息爆炸、多元共生的时代，约束好自己，克服不良习性和私心。我们每个人应从自身做起，提高自己的道德修养，以符合现代道德要求，如此下去，整个社会的风气必然得到扭转，我们的社会才能变得更美好，国家和民族才能长远发展。

【解析】本题考查的是学生理解文中重要概念的含义，并对指定问题进行探究，形成自己的见解的能力。答题时应首先结合材料和语文知识的积累明确“克己复礼”的内涵。其次结合当下社会因缺乏道德约束而出现的一系列现象，阐述需要“克己复礼”的原因。

7.【答案】①墨子的“兼爱”思想与基督教里的“兼爱”思想中爱他人的目的不同，墨子生活在春秋战国的乱世，他从所代表的小生产者的利益出发，提出的兼爱，是希望各阶层的人相互爱护，停止战争，使人民有个稳定的生活环境。而在基督教的“兼爱”中，爱主是第一位的，“爱人如己”的目的是为了更好地对神膜拜，是具有宗教性质的。②实行的方式不同：墨子的“兼爱”思想是一种崇高的天下大同观念，但单靠自身及其弟子的奔走传讲是实现不了的，所以墨子寄希望于最高统治者。基督教中的“爱人如己”是靠教徒间的相互传播，是由下而上的。

【解析】本题考查的是学生整合、概括部分或整体的文章内容，并根据文章内容进行推断的能力。答题时首先要根据《系维着私人的道德》原文中的内容明确墨子思想在差序格局社会中出现的原因，其次结合材料内容概括提炼墨子的“兼爱”思想与基督教中的“兼爱”思想的特点及它们的区别。

五、写作

8.【解析】这是一道“多则材料”的新材料作文题，审题时应认真阅读，概括出材料的主旨，分析其中的不同之处，然后确定立意。

概括材料：第一则讲的是孔子表扬学生见义勇为后收取贵重酬谢礼品，第二则讲的是孔子批评学生赎回奴隶后不到官府报销。

具体分析：两个学生一个是救人，一个是赎人，都是善举，但一个学生收取报酬遭到人们非议却得到孔子的表扬，一个学生自掏腰包得到人们夸奖却受到孔子的责备。可见孔子是赞成善举得到酬报，不让行善之人蒙受损失的。为什么一向倡导儒家道德的圣人这样看重钱财？解答这个疑问正是完成这篇作文的关键之所在，即如何看待道德与利益的关系。德与利的关系完全对立吗？这得看谁是最大受益者。个人虽收受了贵重酬劳，但最大受益者却是国家和社会。孔子以多数人、社会甚至国家利益为重，这也是我们常说的以人为本。

选角度，确定立意：材料的主要陈述对象是孔子，选取角度应是以孔子对这两件事的评价为出发点。由此可得出诸如善举应该得到酬报，不能让行善之人蒙受损失；理智看待利益与道德；利益和道德要追求社会价值最大化等立意。

《家族》《男女有别》巩固练习参考答案

一、填空题

1.【答案】社会圈子　差序格局　社会圈子

【解析】本题考查的是文中重要知识点的再现，学生需明确差序格局和社会圈子在乡土社会中的重要性。

2.【答案】一贯　单系

【解析】本题考查的是文中重要知识点的再现，学生需明确乡土社会中家的结构原则。

3.【答案】亚普罗式　浮士德式

【解析】本题考查的是文中重要知识点的再现，学生需识记亚普罗式和浮士德式两个概念。

4.【答案】同性　异性　家族

【解析】本题考查的是文中重要知识点的再现，学生需明确乡土社会中，同性组合和异性组合对家族的影响。

二、选择题

5.【答案】D

【解析】本题考查的是学生对日常成语及应用的语境的掌握。

举案齐眉：表示尊敬，用来形容夫妻互敬互爱。出自《后汉书·梁鸿传》。

相敬如宾：形容夫妻间相处融洽，互相敬爱，像对待宾客一样。

夫唱妇随：原指封建社会认为妻子必须服从丈夫，后比喻夫妻和睦相处。

夫荣妻贵：意思是丈夫荣耀显达，妻子也跟着尊贵起来。

6.【答案】C

【解析】本题考查的是学生根据语境，使用语文知识进行识别、判断、归类等的能力。答题时首先要把握段落的整体意思，然后联系上下文和选项间的逻辑关系，判断是否有标志词，如关联词、修辞等；如果没有，再看其意思，最后用排除法进行筛选。

三、判断题

7.【答案】×

【解析】钱会属于团体格局，家庭、氏族、邻里、街坊、村落在文章中不属于作者所界定的“团体”，属于社群性质。

8.【答案】√

9.【答案】√

10.【答案】√

11.【答案】×

【解析】原文中为“以生育为功能的家庭总是异性的组合。因之，乡土社会中‘家庭’的团结受到了这同性组合的影响”，因此不是“决定着异性组合家庭的团结”。

四、简答题

12.【答案】①家族在结构上包括家庭，最小的家族等于家庭。②家族除了具有生育功能之外，还有政治、经济、宗教等功能。③家族是长期绵续性的。

【解析】本题属于明确要识记的知识点，考查的是学生对文中重要概念的理解，以及通过信息筛选概括说明对象的特征或规律的能力。

13.【答案】乡土社会中认为男女间不必求同，在生活上加以隔离，不向对方希望心理上的契合，只在行为上按一定的规则经营分工合作的经济和生育的事业。

【解析】本题属于明确要识记的知识点，考查的是学生对文中重要概念的理解，以及通过信息筛选概括说明对象的特征或规律的能力。

14.【答案】①贾政　②贾琏　③贾宝玉　④贾兰

【解析】本题考查的是学生对乡土社会中家的性质以及对《红楼梦》中的人物关系的掌握。

五、拓展阅读

15.（1）【答案】B

【解析】本题考查的是学生信息筛选和整合的能力，答题时要求明确具体的考查要点，找准文章的对应位置，然后结合文章内容逐个判断正误。B 选项对应材料一中“我并不是说中国乡土社会中没有‘团体’，一切社群都属于社会圈子性质，……我在这个分析中只想从主要的格局说，在中国乡土社会中，差序格局和社会圈子的组织是比较重要的”。故 B 选项错误。

（2）【答案】运用对比论证，把大户人家、书香门第与乡村里的夫妇进行对比，把夫妻关系与同性别、同年龄的人之间的关系进行对比，把中国人与西洋人在感情生活上的表现进行对比，证明中国的家庭有事业社群的特色，中国人在感情上，尤其是在两性间的矜持和保留，不肯像西洋人一般在表面上流露，也是在这种社会圜局中养成的性格。

【解析】本题考查的是学生分析材料的能力。答题时应首先确定属于何种论证方法，然后在文中找到具体内容，最后找出对应的观点。

（3）【答案】浮士德式的文化认为冲突是存在的基础，生命是阻碍的克服，前途是无尽的创造过程，不断改变。而乡土社会是不需要创新的社会，社会关系是生下来就决定的，它更害怕关系的破坏。乡土社会追求稳定，它是亚普罗式的，所以有了男女有别的原则，男女只是在行为上按照一定的规则经营分工合作的经济和生育事业，他们不向对方希望心理上的契洽。

【解析】本题考查的是学生筛选文中信息，整合、概括部分或整体文章内容的能力。答题时根据题干要求首先要明确“浮士德式”的文化模式的内涵，然后筛选乡土社会的特点，即害怕破坏、追求稳定的特征，并分析其和“浮士德式”之间的矛盾。

六、写作

16.【解析】这是一则二元作文材料，写作时需对于孔子这句话的两种观点分别表明自己的态度，注意题干要求中的修饰语“当今社会”，学生应结合当下社会的特点进行分析。

“远游”，即“离家出游”。当然，这里的远游不是我们今天所说的旅游，而是孔子所处的春秋时期的游学，即去各国传播自己的学说，或者求仕途。首先我们完全可以确定，孔子并不是要求我们不出游，因为他自己就是一个周游列国的“游子”。其次“游必有方”的关键在于“方”，就是“让父母知道所游的确切地方，而不要无固定地方地随处漂泊，致使父母挂念担心”。

当今社会，各种社会制度都在建立和不断完善当中，通信和交通日趋发达，电话、网络等通信方式的普遍运用可以让我们随时了解彼此的信息，“游必有方”是否还有必要？

同时还应该考虑到，从父母的角度来讲，父母对子女的“忧”是难以避免的，子女的“孝”就是要尽量减少父母的担忧。那要怎样才能减少父母的担忧呢？关键要看父母为什么而担忧。然而许多人为了“远游”却将对父母的孝放在了一边。这些都是学生在审题构思时需要思考的。

《礼治秩序》《无讼》巩固练习参考答案

一、填空题

1.【答案】国家的权力　社会舆论　主动性

【解析】本题考查的是文中重要知识点的再现。

2.【答案】传统规则

【解析】本题考查的是文中重要知识点的再现，学生需明确“礼治”的内核。

二、选择题

3.【答案】B

【解析】本题考查的是学生根据语境，使用语文知识进行识别、判断、归类的能力。答题时首先要把握段落的整体意思，然后联系上下文和选项间的逻辑关系，判断是否有标志词，如关联词、修辞等；如果没有，再看其意思，最后用排除法进行筛选。

三、判断题

【答案】

4.【答案】√

5.【答案】√

6.【答案】×

【解析】原文为“维持礼俗的力量不在身外的权力，而是在身内的良心”。

7.【答案】√

8.【答案】×

【解析】原文为“原有对诉讼的观念还是很坚固地存留在广大的民间，也因之使现代的司法不能彻底推行”，而不是“不能在乡土社会推行”。

四、简答题

9.(1)【答案】①法治：社会上人和人的关系是根据法律来维持的，是“人依法而治”。②礼治：乡土社会以“礼”来维持的社会秩序，是人们主动服膺于社会公认的合式的行为规范所形成的秩序。③区别：从所根据的规范看，“礼治”根据的是礼，“法治”根据的是法律；从所用力量看，“礼治”依靠传统的力量维持，“法治”则依靠国家力量维持；“礼治”是乡土社会的特色，“法治”是现代社会的特征。

【解析】本题考查的是学生对文中重要概念的理解，以及通过信息筛选概括说明对象的特征或规律的能力。

（2）【答案】①法律：是从外限制人的，不守法所受到的惩罚是由特定的权力所加之于个人的。②道德：是由社会舆论所维持的，做了不道德的事，见不得人，那是不好；受人吐弃，是耻。③礼：有甚于道德。如果失礼，不但不好，而且不对、不合、不成。这是个人习惯所维持的。

【解析】本题考查学生对文中重要概念的理解，以及通过信息筛选概括说明对象的特征或规律的能力。

10.【答案】无讼：指人们在发生纠纷时不主张利用诉讼来解决问题，而是利用传统的礼治秩序来调节。体现了乡土社会中强调礼治，忽视法治；注重礼的自觉，反感法的干预和主张教化的特点。

【解析】本题属于必须要识记的内容，考查的是学生对文中重要概念的理解。

五、拓展运用

11.【答案】①现代社会是一个法治社会，坚持“依法治国”是党领导全国各族人民治理国家的基本方略。中国文化又具有深厚的儒家传统，注重个人道德的力量，所以日常生活中，有时会出现合情合理却不合现代法律的现象。女司机出于好心闯红灯救人，这里出现了情与法的冲突，如果单看闯红灯的行为理应受到处罚，但法律也规定了，因救助危难或紧急避险造成的交通违法行为可以免于处罚，因此，这位女司机可以依法免于处罚。这里面涉及一个两害相权取其轻的问题，现代法律的设置体现了生命权第一的原则，这样的处理结果也实现了情与法的统一。②中国正处在由传统乡土社会向现代社会转变的关键时期，乡土社会中的礼在有些地方依然存在。但正如费孝通所说“礼也可以杀人，也可以很‘野蛮’”。很多礼的内容以现代标准看，可能是很残酷的，甚至是违法的。如族长动用私刑看似符合礼俗社会的传统，但却和现代司法相冲突，属于违法行为。而婚闹现象则是忽略了人与人之间的平等和尊重。当代青年在传承传统文化的同时也要注意剔除糟粕，吸取精华，把传统文化中宝贵的“情”“礼”发扬光大，做一个遵纪守法、道德高尚的好公民。

【解析】本题考查的是学生对“礼治”和“法治”的理解，以及它们分别在乡土社会和现代社会中所起的作用。答题时首先要明确材料所给的现象中哪些是属于合情理却不合法的，哪些又是传统“礼”的范畴，所谓“合礼”的部分是否真的是“礼”，在现代社会是否还有价值，以及其跟法律之间的冲突。其次结合“情”“礼”“法”三者的从属关系进行具体分析。

六、拓展阅读

12.（1）【答案】C

【解析】此题考查的是学生对材料的理解，答题时应根据选项，逐项找到文章的对应位置并进行判断。C选项“礼治社会比法治社会更为优越”与原文不符。

（2）【答案】人们对礼的服膺并非出于本能或天意，而是从教化中养成的。礼是社会公认的行为规范，对礼的主动遵守和维护就是对社会秩序的自觉维护，是一种值得肯定甚至令人感动的行为。但是，礼也有不合情理、不合时宜之处，如果顽固不化、不知变通，则显得迂腐可笑甚至冷酷无情。

【解析】本题考查的是学生分析材料和作者的态度、写作意图的能力。答题时应首先明确文中作者引用这些材料想要阐明的观点是什么，然后根据文中对乡土社会中“礼”的形成和作用的阐述及材料本身的内容进行概括分析。

（3）【答案】①意义：打破原有的乡土社会传统，使中国走上现代化的道路。②副作用：破坏了原有的礼治秩序，但并不能有效地建立起法治秩序。③方法：改革社会结构，建立公平有效的现代管理体系；帮助村民树立平等思想、权利意识，改变诉讼观念；制定切合实际的法律条文，设立乡村法庭。

【解析】本题考查的是学生整合、概括部分或整体的文章内容，以及对指定问题进行探究，形成自己见解的能力。答题时应首先根据题干要求锁定选文内容，提炼关键句进行概括。其次回答在乡间推行司法制度时，要考虑到乡土社会某些特征和现代司法的矛盾处，有针对性地给出建议和措施。

七、写作

13.【解析】该材料属于“社会生活型”和“理论观点型”的综合体。

该材料在反映当下社会生活现象的同时体现了一定的观点倾向。关键词为“仪式”，因此必须紧紧围绕“仪式”这个核心范围进行写作。同时材料提出了由“仪式”引发的不同的观点，体现了题目的开放性。两个观点形成对比关系，由此可引发学生对“仪式”的不同角度的思考，从而拓宽学生对日常生活中各种“仪式”的思考。写作范围其实就是“如何看待仪式的形式与意义的改变”，核心词是“仪式”。只要围绕“如何看待仪式的形式与意义的改变”这个范围引发的思考与认识都是符合题意的。

14.【解析】写作时，首先应对材料进行整体把握。材料给出了两类人——坦荡、直率的人和内敛、克制的人，学生需要在限定的情况“内心想法与现有的道德规范发生冲突时”做出不同的思考和选择。

其次，应分层解读关键词。坦荡、直率的人真心实意地对待他人，直接痛快，对内心世界不加掩饰，不拐弯抹角。面对这样的人，我们可以更真实地了解对方，知道彼此在什么地方能够产生共鸣，什么地方具有差异，也就是“知己知彼”“知根知底”。这类人遇事不太考虑道德规范对他的约束及产生的后果。遇事内敛、克制的人则是在受到外在道德规范的约束时，容易瞻前顾后，计较得失。这样的人，在生活小事上我们认为他不够果断、大气，但遇到重大事时，他们反而遇事不乱，不会闯大祸。

有时候，来自外部的道德规范和内心的真诚坦荡会成为两股相互抵抗的力量，人应在这两者的张力之间找寻自己存在以及生命的意义。

《无为政治》《长老统治》《名实的分离》巩固练习参考答案

一、填空题

1.【答案】横暴权力　同意权力　教化权力（长老权力）　时势权力

【解析】本题考查的是文中重要知识点的再现，属于必须要识记的内容。

2.【答案】经济利益

【解析】本题考查的是文中重要知识点的再现，学生需明确经济利益在四种权力中的作用。

3.【答案】长幼（长幼有序）

【解析】本题考查的是文中重要知识点的再现，学生需要明确长幼顺序是中国亲属制度中最基本的原则，属于必须识记的内容。

4.【答案】注释

【解析】本题考查的是文中重要知识点的再现，学生需明确“注释”和“名实的分离”之间的关系。

二、选择题

5.【答案】C

【解析】本题考查的是学生根据语境，使用语文知识进行识别、判断、归类的能力。C 选项中“导游地图”不是工艺品。

6.【答案】C

【解析】本题考查的是学生根据语境，使用语文知识进行识别、判断、归类的能力。答题时首先要把握段落的整体意思，然后联系上下文和选项间的逻辑关系，判断是否有标志词，如关联词、修辞等。起句包含“社会”“文化”“新的问题”“生活”和“办法”五个关键元素，六个备选句中，只有②⑤所论对象跟上述元素有关联，而⑤所论“社会生活”和“社会”与首句句末衔接更紧密，故而⑤应紧接首句。④是对③的延展，⑥的内容是对②中“人的行为有着传统的礼管束着”的解释，故⑥在②后。①最适合与结句“‘为民父母’是爸爸式权力的意思”连接，故C选项正确。

7.【答案】A

【解析】本题考查的是学生根据语境，使用语文知识进行识别、判断、归类的能力。答题时首先要把握段落的整体意思，然后联系上下文和选项间的逻辑关系，判断是否有标志词，如关联词、修辞等。再根据现象和前后逻辑用排除法进行筛选。

8.【答案】D

【解析】本题考查的是学生结合语境理解和运用古诗文的能力。

A选项“人生如逆旅，我亦是行人”，指人生在世就好像住旅馆，我也包括在旅行者里边。

B选项“夫天地者，万物之逆旅也；光阴者，百代之过客也”，指天地是万物的客舍，时间是古往今来的过客。

C选项“圣人之生也天行，其死也物化；静而与阴同德，动而与阳同波”，指圣人生于世间顺应自然而运行，他们死离人世又像万物一样变化而去；平静时跟阴气一样宁寂，运动时又跟阳气一道波动。

D选项“天行健，君子以自强不息”，指宇宙不停运转，人应效法天地，永远不断地前进。

9.【答案】C

【解析】本题考查的是学生对于“长老统治”的本质和具体表现的理解。“长老统治”是一种爸爸式权力。只有C选项“精英管理”跟爸爸式权力没有关系。

三、简答题

10.【答案】①无为而治：所谓“无为”，其实是为养民。这是每一个经过大动荡的朝代，为了延续皇权，统治者在现有的制度框架内尽量少动用社会资源，少干涉民众的正常生活，使得国家人口得以休养生息的政策。②长老统治：在古代的乡土社会中，由亲属原则和长幼有序等儒家传统文化所构成的一种稳定的社会基层权力形式。它是除横暴权力和同意权力之外的第三种社会权力形式，发生在社会继替的过程中，是一种教化性的权力。教化是社会继替的需要，长老统治使中国基层社会能够在既有的传统秩序下有序运转。

【解析】本题考查的是对文中重要概念的理解，属于必须识记的内容。

11.【答案】“名”是指长老权力，“实”是指现实中长老权力通过“注释”被淡化了的现状。长老权力发生在社会继替的过程中，时势权力发生在社会变迁的过程中，两种权力同时存在，此消彼长。社会变化缓慢，长老权力就强，名实可以相符；当社会变化加快，人们以“注释”的方式，在旧传统的形式里注入新的内容，名实走向分离；当社会急速变化，长老权力萎缩，时势权力抬头，新事实、新思想、新文化产生，旧的名和新的实彻底分开。

【解析】本题考查的是学生分析材料、作者的态度和写作意图的能力。答题时应首先根据题干要明确“名”“实”与“时势权力”的特点，再分析两者之间的联系。写“时势权力”肯定是为“名实的分离”服务，为了提出“注释”的说法，交代名实分离产生的社会背景。

四、拓展阅读

12.（1）【答案】C

【解析】本题考查的是学生筛选和整合信息的能力，答题时要求明确具体的考查要点，找准文章的对应位置，然后结合文章内容逐个判断正误。C 选项中乡土社会没有社会冲突，与原文内容不符。

（2）【答案】C

【解析】本题考查的是学生筛选和整合信息的能力，解答此类试题时，应先浏览选项，然后到文中找到与之对应的语句，进行比较、辨析。材料三中的原文是“乡土社会，当它的社会结构能答复人们生活的需要时，是一个最容易安定的社会，因之它也是一个很少‘领袖’和‘英雄’的社会”，而不是“不会有‘领袖’和‘英雄’的社会”。故 C 选项错误。

（3）【答案】①横暴权力：在社会冲突中所发生的权力。权力表现在社会不同团体或阶层间主从的形态里，权力是维持这种主从关系所必需的手段，是统治阶级为维护自身利益而强制维系压迫关系的权力，具有压迫性质。②同意权力：是基于社会分工而形成的权力。社会分工的结果使得每个人都不能“不求人”而生活，其权力的基础是社会契约，是同意，权利与义务要相称。社会分工愈复杂，这种权力就愈扩大。③教化权力：是发生于社会继替的过程，是教化性的权力，或是说爸爸式的权力。它具有强制性，被教化者没有选择的机会。它依赖于稳定的文化传统，建立在长幼有序的原则上，在亲子关系中表现得最明显，但并不限于亲子关系，凡是文化性的，都包含这种权力。④时势权力：发生在激烈的社会变迁过程中，能够提出办法，有能力组织新的试验，能获得别人的信任，可以支配跟从他的群众，是由时势造成的一种权力。

【解析】本题考查的是学生筛选文中信息，整合、概括部分或整体文章内容的能力。答题时应结合《无为政治》《长老统治》《名实的分离》这三篇文章内容及选文材料，提炼关键句进行综合概括。

（4）【答案】材料二中语言准确严密。如画线句中关联词的运用，两处“既不”“也不”的运用排除了教化性权力跟其他权力性质的相似之处，突出了长老统治的产生条件以及其强制性的特征。

【解析】本题考查的是学生分析文章语言特点的能力。答题时首先要明确议论文和说明文的语言特点及其分析角度，然后结合题干指定材料进行具体分析。议论文的语言特点是准确、严密、富有逻辑性，重点看关联词语、修饰性、限定性词语的运用。

（5）【答案】①在长老统治下，权力并不是政治性的，因为长老并非由官方任命，其权力也并非由全体公民所赋予。长老的权力是教化性（文化性）的，也就是说，是乡土社会在长期的生活中约定俗成的结果。②长老统治介于专制统治与民主统治之间，它比民主统治要“专制”，但又比专制统治要“民主”。因为长老统治是用个人性的权威来裁决社会事务的，它不需要与其他成员协商；但长老统治也并非空穴来风，它仍然需要乡土社会的成员默认遵行。

【解析】本题考查的是学生整合、概括部分或整体的文章内容并根据文章内容进行推断的能力。答题时首先要明确长老统治的特点及其实现统治的条件，然后结合乡土社会的特征进行具体分析。

（6）【答案】费孝通认为：从整个社会看，一个领导的阶层如果能追得上社会变迁的速率，这社会也可以避免因社会变迁而发生的混乱。但当时的清政府是愚昧腐朽的，不仅跟不上社会变迁的速率，甚至逆历史潮流而行，它们不能接受变革，自然就要阻碍变革，所以当时的中国革命就要流血牺牲。

【解析】该题考查对指定问题进行探究，形成自己的见解。首先要明确费孝通关于英国之所以能够不流血而实行改革的原因分析，其次结合当时中国社会政治制度和基本社会现实进行分析。

13.（1）【答案】D

【解析】本题考查的是学生信息筛选和材料理解的能力，答题时要明确具体的考查要点，找准文章的对应位置，然后结合文章内容逐个判断正误。原文中“乡土社会里的权力结构，虽则名义上可以说是‘专制’‘独裁’，但是除了自己不想持续的末代皇帝之外，在人民实际生活上看，是松弛和微弱的，是挂名的，是无为的”。因此并不是三者并存。

(2)【答案】农业帝国是虚弱的，农业经济缺乏储蓄，没有足够的剩余。当社会发生变动，横暴权力与同意权力则同时存在，而权力的吸引力是权力所带来的经济利益，当乡土社会无法满足横暴权力的利益时，这时往往会进入到“无为政治”的状态，即皇权力求无为，以养民。

【解析】本题考查的是学生整合、概括部分或整体的文章内容并根据文章内容进行推断的能力。答题时应锁定材料内容筛选关键句，提炼概括“无为而治”出现的根源。

(3)【答案】不一致。农业是乡土社会的基础，在乡土社会中“无为”是指因受限于经济因素，横暴权力和同意权力在乡土社会中无法实施的情况下，采取的休养生息、安民富民的政策。老子的“无为”是指依照道所体现的自然无为的原则和无为的行为方式治国平天下，它是一种高超的政治智慧。主要包括清净之治、自然之治、柔弱之治和爱民之治，是要把握好统治者行为的性质和程度，尽量减少不必要、不适当的干预，最终实现民众随心所欲不逾矩的无不为。

【解析】本题考查的是学生根据文章内容进行推断，并对指定问题进行探究，形成自己见解的能力。答题时首先应承接上题《乡土中国》中的“无为”产生的背景和实施方式，然后在理解材料二的基础上结合常规文化积累进行分析探究。

五、写作

14.【解析】首先从关键词“经验”入手。前半句描述了人们经验的来源和价值，人们“在适应自然和社会的过程中”总结出了经验，且这些经验是“宝贵”的；一个“但”字转折，引导学生反思“宝贵经验”背后的隐忧——正是这些奏效一时的“宝贵的经验”可能会“阻碍我们的认识和发展”。既然“宝贵”，何来“阻碍”?

“但”字后面的反思也正是写作的重点，是学生思考的关键所在。同时，“适应自然和社会的过程”一句提示学生可以在文章中列举人们在改造自然、适应自然中取得的经验和在社会生活中总结出的经验，既与命题呼应，又体现了整体把握材料的意识。

经验在安稳不变的社会中可以指导人们的生产生活，但经验具有时代与时间的局限性，当社会快速变化，这些传统经验就无法指导新的生活中出现的新问题，来自于他人的经验不一定适合自己。

同时需注意，材料中“宝贵的经验”不应当包括“教训”，否则命题的转折关系就难以成立。所以审题时不要盲目地纠结经验的“正确”与“谬误”，或侧重于阐释“经验”的正面价值，这样就偏离了材料的核心论述点。

《血缘和地缘》《从欲望到需要》巩固练习参考答案

一、填空题

1.【答案】社会变迁的速率　冲突　竞争

【解析】本题考查的是文中重要知识点的再现，学生需明确乡土社会中血缘的重要作用。

2.【答案】身份社会　契约社会

【解析】本题考查的是文中重要知识点的再现，学生需明确乡土社会中血缘和地缘的关系，属于必须要识记的内容。

3.【答案】欲望　需要

【解析】本题考查的是文中重要知识点的再现，属于要识记的内容。

4.【答案】文化的陶冶

【解析】本题考查的是文中重要知识点的再现，即对乡土社会中“欲望”的理解。

5.【答案】客观地位　个人生存　社会完整

【解析】本题考查的是文中重要知识点的再现，即对乡土社会中“功能”的理解。

二、简答题

6.【答案】①血缘：指人和人的权利和义务根据亲属关系来决定。亲属是由生育和婚姻所构成的关系，血缘，严格来说，只指由生育所发生的亲子关系。②地缘：是从商业里发展出来的社会关系，是契约社会的基础，没有血缘关系的人在一个地方结成社群，他们之间的联系就是纯粹的地缘。地缘是现代社会的特性。③二者关系：在稳定的社会中，地缘是血缘的投影，不分离的；地域上的靠近可以说是血缘上亲疏的一种反映，区位是社会化了的空间；血缘和地缘的合一是社区的原始状态。

【解析】本题属于必须要识记的内容，考查的是学生对文中重要概念的理解，答题时应通过对文本信息的筛选概括说明对象的特征或规律。

7.【答案】①血缘社会的特点：因生育或者婚姻维持社会结构的稳定，血缘所决定的社会地位不容个人选择；文化缺乏变动，社会状态稳定；人际关系依靠多方面和长期的人情往来维持，权利和义务无法“清算”。②地缘社会的特点：从商业里发展出来的社会关系，伴随着社会的变动和人际交往的复杂化，权利和义务“当场清算”的需求不断增加。寄籍在血缘性社区边缘上的“陌生人”成了商业活动的媒介，进而发展出一种非血缘性的社会关系。人际关系以“契约”的方式维持，权利和义务的清算精密而确当。在商业活动中，人们用理性而非情感支配自己的行动。

【解析】本题属于必须要识记的内容，考查的是学生对文中重要概念的理解，答题时应明确血缘社会和地缘社会的特点。

8.【答案】①区别：“欲望”是人类在取舍之间的根据，是自发的，依从人的天性。“需要”是人类通过理性思考主动追求的生存条件。“欲望”是不自觉的本能反应，“需要”是自觉的有计划的心理反应。②联系：在乡土社会，社会趋于静止，文化更迭缓慢，“欲望”恰恰契合着生存的需要。

【解析】本题属于必须识记的内容，考查的是学生对文中重要概念及其之间关系的理解。

三、拓展阅读

9.（1）【答案】A

【解析】本题考查的是学生信息筛选和整合的能力，答题时要明确具体的考查要点，找准文章的对应位置，然后结合文章内容逐个判断正误。原文中为：“我们的籍贯是取自我们的父亲的，并不是根据自己所生或所住的地方，而是和姓一般继承的，那是‘血缘’，所以我们可以说籍贯只是‘血缘的空间投影’。”故A选项错误。

（2）【答案】（略）

（3）【答案】在乡土社会中，外乡人要想成为村子里的人一般有两种途径：一是先得有了土地，才能在血缘网中生根；二是从婚姻中进入当地的亲属圈子。但由于在中国乡土社会中土地并不充分自由买卖，已经住入了一个地方的“外客”也并不容易娶得本地人做妻子，所以这几个条件并不是容易的。乡土社会是一个亲密的血缘社会，人和人之间讲求人情往来，无法做到当场清算，商业难以存在，外乡人开店，则可以和村里人讲价，当场清算，不必讲人情，所以“寄居于社区边缘上的人物”的这个特性让他们找到了在乡土社会中的特殊职业，即成了商业活动的媒介。

【解析】本题考查的是学生筛选文中信息的同时根据文章内容进行推断的能力。答题时应首先根据题干要求锁定选文内容，重点集中于材料一第③段和材料二最后一段的内容。“客边”通过常规的方式无法轻易地融入当地的村落，但恰恰由于乡土社会是一个亲密的血缘社会，商业是不能存在的，所以“客边”的存在成了商业活动的媒介。

（4）【答案】乡土社会中，血缘性交易以人情来维持，是相互馈赠的方式，当社会关系越来越复杂，社会生活越来越发达，单靠人情不能维持权利和义务间的平衡时，“当场算清”的需要增加，此时，以货币清算为媒介，强调理性，注重契约，“钱上往来”的商业就应运而生。

【解析】本题考查的是学生筛选文中信息的同时根据文章内容进行推断的能力。答题时应首先根据题干要求锁定选文内容，明确人情性、血缘性的乡土社会中交易和商业性贸易的不同，然后分析乡土社会中人们为何在馈赠之外还需要商业性贸易。

10.【参考答案】①乡土社会不必计划是因为乡土社会是靠经验的，时间过程中，自然替他们选择出一个足以依赖的传统的生活方案，各人依着欲望去活动就可以了。现代社会，开放和交流日益加大，市场经济快速发展，诚然市场在资源配置和经济结构调整中有自我调节、自动平衡的功能，但对经济总量无力调节，对于大的结构调整，市场机制显得软弱无力，本身不能保证公平竞争，也难以处理好公平与效益的关系，容易造成私人资本企业对市场的垄断，比如材料四中的市场监管总局对阿里巴巴投资有限公司的调查。②计划经济能够高度有效地集中人力、物力和财力进行重点建设，集中有限的资金发展重点产业，指令性计划因集权体制领导而容易贯彻执行，保证国计民生必需品的生产和供应，有利于解决人民最紧迫的生活需要，实现收入均等化，稳定经济，从而稳定社会，有利于推动经济持续增长。就像这次针对新型冠状病毒的合力防控，正是因为全国上下一心，全力应对疫情，才打赢这场疫情防控的人民战争。但同时计划性经济不利于推动技术进步和革新，容易滋生主观主义和官僚主义，甚至会导致供求脱节及宏观经济比例重大失调。③因此，在涉及国家经济命脉的领域需要国家进行宏观调控，否则无法应对突如其来的严重甚至致命的经济问题。同时，在这一前提下需要调动市场经济自我调节的积极因素，最大限度地开放市场经济的调控权力，保持社会经济的活力，推动有效市场和有为政府更好结合。

【解析】本题考查的是学生根据文章内容进行推断，对指定问题进行探究，形成自己的见解的能力。答题时应首先结合材料内容明确计划经济本身的作用和不足，同时结合现代社会市场经济的特点进行分析。

11.【答案材料】①费孝通提出的“各美其美，美人之美，美美与共，天下大同”，在处理不同文化关系的问题上，当得起“箴言”。首先，“各美其美”说明尊重文化多样性，首先要尊重自己民族的文化，要培育好、发展好本民族文化。因为尊重文化多样性是发展本民族文化的内在要求。其次，“美人之美”就是要尊重其他民族的文化。在文化交流中，要尊重差异性，理解个性，和睦相处，各民族共同促进世界文化的繁荣。最后，“美美与共，天下大同”，说明尊重文化多样性是实现世界文化繁荣的必然要求。各民族文化都以其鲜明的民族特色丰富了世界文化，共同推动了人类文明的发展和繁荣。只有保持世界文化的多样性，世界才能更加丰富多彩，充满生机和活力。简而言之就是人们不仅要懂得欣赏自己创造的美，还要包容地欣赏别人创造的美，这样将各自之美和别人之美拼合在一起，就会实现理想中的大同美。②习近平总书记提出的构建人类命运共同体理论也强调世界既具有多样性又具有统一性，这超越了西方的“一元论”，具有解决中国和世界难题的立论基础。坚持美人之美、美美与共体现了我国在国家实力日益强盛的今天，对本民族文化的自信，我们努力使中国传统文化在全球一体化的今天发挥更大的作用。从人类社会发展来看，世界各国在历史、传统、文化、国情、制度等方面都具有差异性和多样性。同时，世界各国之间也具有统一性，即具有共同性，都要遵循社会历史发展规律，和对美好愿景具有共同追求。统一，是在承认和尊重世界多样性前提下的统一；多样，是统一性中的多样。强调统一不要忽视多样，强调多样也不要忽视统一。世界是多样性的统一，也是统一性的多样。这样来认识和把握世界，既有利于使世界充满活力，又有助于使世界达到和谐。

【解析】本题属于探究题，答题时需要学生首先理解十六字箴言的具体含义，以及费孝通在提出它之初对于解决不同文化问题的意义。然后同理探究，需结合当下世界各国之间的交往和国际形势具体分析，重点体现中国传统文化“和而不同”在全球一体化中发挥的重要作用。

《乡土中国》综合性选择题参考答案

1.【答案】D

【解析】本题主要考查的是学生对《乡土中国》的作者和写作背景的了解，选项多为“前言”和“后记”中的内容。在重刊序言中作者强调《乡土中国》和《江村经济》《禄村农田》等调查报告性质不同，故D选项错误。

2.【答案】C

【解析】本题考查的是学生对《乡土中国》的学术意义和整本书内容的综合理解。《乡土中国》描述的至多是中国的乡村，没有包括城镇和城乡关系，通过这本书可以了解中国社会的部分情况，但并不能完全地了解中国的传统社会。

3.【答案】A

【解析】本题重点考查学生对《乡土本色》和《文字下乡》两篇文章内容的理解。A选项定位于《乡土本色》首段内容，与原文相符。B选项费孝通是不赞成文字下乡，错误，原文有明确表示“我决不是说我们不必推行文字下乡”。C选项“愚不愚”是指学习的能力，而并非是否识字，所以教会乡下人识字就能根治他们的“愚”，错误。D选项“但仍需要字句的固定意义支撑”，错误，“特殊语言”常是特别有效，因为它可以摆脱字句的固定意义。故A选项正确。

4.【答案】B

【解析】B选项中“以君权神授为基础的理论体系”，错误，应该是“以宗法血缘为依据的贵贱有序”。

5.【答案】D

【解析】乡土社会中，不需要创造新的社会关系，且害怕社会关系的破坏，因之发生了同性间的组合，异性组合的家庭的团结受到了同性组合的影响。故D选项错误。

6.【答案】B

【解析】B选项，认识片面，因为礼和法都可用来维持社会秩序。

7.【答案】A

【解析】《血缘和地缘》中有“血缘是稳定的力量。在稳定的社会中，地缘不过是血缘的投影”，故A选项正确。《乡土中国》中有“空间距离过远就无法保持原来的血缘关系形成的群体了”，故B选项错误。C选项，亲密社群的团结性依赖于各分子之间都相互拖欠着未了的人情，不仅只有血缘关系。D选项，亲密的血缘关系限制着冲突和竞争等社会活动，有交易，交易是以人情来维持，是相互馈赠的方式，而不是不允许有。

8.【答案】C

【解析】本题主要考查的是学生对《名实的分离》内容的掌握和理解。原文中科举制度维护了封建皇权自身，有利于帝王的统治和下层百姓的向上流动，但打击的是门阀贵族对权力的垄断。故C选项错误。

9.【答案】D

【解析】D选项中“‘欲望’不仅是生物事实，同时也是一种文化事实，是合于人类生存条件的”，错误。并不是所有的欲望都是文化事实，也并不是一切文化事实都是合于人类生存条件的，有很多是无关甚至是有害的。

10.【答案】B

【解析】B选项中“只要坚持文化自觉，必能实现”过于绝对。费孝通的这个理念体现的是儒家思想的“君子和而不同”。